VOCABULÁRIO DE SCHOPENHAUER

VOCABULÁRIO DE SCHOPENHAUER

Alain Roger
Ex-aluno da École Normale Supérieure de Ulm
Professor agrégé de filosofia
Professor da Universidade Blaise Pascal de Clermont-Ferrand

Tradução
CLAUDIA BERLINER
Revisão técnica
DANIEL QUARESMA F. SOARES

wmf **martinsfontes**

SÃO PAULO 2013

Esta obra foi publicada originalmente em francês com o título
LE VOCABULAIRE DE SCHOPENHAUER
por Les Éditions Ellipses
Copyright © Ellipses Éditions – Marketing S.A., França
Copyright © 2013, Editora WMF Martins Fontes Ltda.,
São Paulo, para a presente edição.

1ª edição 2013

Tradução
Claudia Berliner
Revisão técnica
Daniel Quaresma F. Soares
Acompanhamento editorial
Luzia Aparecida dos Santos
Revisões gráficas
Solange Martins
Letícia Castello Branco Braun
Edição de arte
Katia Harumi Terasaka
Produção gráfica
Geraldo Alves
Paginação
Moacir Katsumi Matsusaki

Dados Internacionais de Catalogação na Publicação (CIP)
(Câmara Brasileira do Livro, SP, Brasil)

Roger, Alain
    Vocabulário de Schopenhauer / Alain Roger ; tradução Claudia Berliner ; revisão técnica Daniel Quaresma F. Soares. – São Paulo : Editora WMF Martins Fontes, 2013. – (Coleção vocabulário dos filósofos)

    Título original: Le vocabulaire de Schopenhauer.
    ISBN 978-85-7827-698-0

    1. Schopenhauer, Arthur, 1788-1860 – Glossários, vocabulários, etc.
    2. Schopenhauer, Arthur, 1788-1860 – Linguagem I. Título. II. Série.

13-05089   CDD-193

Índices para catálogo sistemático:
1. Vocabulário de Schopenhauer : Filosofia   193

Todos os direitos desta edição reservados à
Editora WMF Martins Fontes Ltda.
Rua Prof. Laerte Ramos de Carvalho, 133   01325-030   São Paulo SP Brasil
Tel. (11) 3293-8150   Fax (11) 3101-1042
e-mail: info@wmfmartinsfontes.com.br   http://www.wmfmartinsfontes.com.br

Se for verdade, como Gilles Deleuze ressaltava outrora, que a filosofia se caracteriza pela criação de conceitos, Schopenhauer certamente merece o título de grande filósofo, que lhe foi tardiamente concedido. Não porque tenha forjado neologismos espetaculares ou tenha se deleitado brincando com palavras, muito pelo contrário. Vez ou outra encontramos sob sua pena alguns achados linguísticos, como o "Macrântropo", para designar sua cosmologia, mas, em geral, Schopenhauer tem aversão a tudo o que lembre um jargão, motivo pelo qual ataca com virulência os outros pós-kantianos, os "três sofistas", Fichte, Hegel e Schelling, "cujo reinado será conhecido um dia na história da filosofia pelo nome de Período da Deslealdade". A doutrina de Fichte não passa de uma "pantalonada", Hegel, de um "grosseiro charlatão" e "quem conseguir ler sua obra mais estimada, a *Fenomenologia do espírito*, sem achar que está num hospício, ali deveria estar de direito". Exageros, ditados pelo insucesso e pelo ressentimento, mas Schopenhauer certamente não se engana quando opõe ao estilo obscuro e às vezes laborioso de seus rivais a simplicidade e a limpidez de seu próprio discurso: "Nenhum traço de sofisma, nenhuma verborragia nos (meus) escritos; cada frase depositada sobre o papel retribui imediatamente o esforço de quem a leu. Por isso é que minhas obras trazem, como que marcado na fronte, o irrefutável caráter de lealdade e franqueza."

As inovações conceituais de Schopenhauer não deixam de ser consideráveis. Mas ele sempre procede com grande probidade, circunscrevendo escrupulosamente o sentido, lugar e alcance das noções que utiliza, em particular quando renova sua acepção tradicional. É o caso do Princípio de Razão Suficiente, herdado da tradição leibniziana; da Vontade, que deixa de ser uma faculdade psíquica e adquire um estatuto metafísico e cosmológico; das Ideias, inspiradas em Platão, mas que, longe de pertencerem ao mundo inteligível, são as objetivações imediatas da Vontade; da Liberdade, que se separa do livre-arbítrio para se tornar um dos atributos da Vontade universal; da Razão, reduzida a um papel secundário; da Sexualidade, essa "sede da Vontade", investida de uma função sem precedentes na história da filosofia.

A animosidade de Schopenhauer contra seus adversários pode causar certo riso e, hoje, mais ninguém pensaria em acusar Fichte ou Hegel de desonestidade intelectual. Não obstante, a obra de Schopenhauer, na sua luminosidade conceitual e elegância estilística, representa um belo "período de lealdade", de que seu vocabulário é a melhor prova.

ABREVIAÇÕES

QR Da quádrupla raiz do princípio de razão suficiente
M   O mundo como vontade e representação
VN Sobre a vontade na natureza
EL Ensaio sobre o livre-arbítrio
FM Sobre o fundamento da moral
R   Sobre a religião
FF Filosofias e filósofos
EDP Ética, direito e política
FHF Fragmentos sobre a história da filosofia
FC Filosofia e ciência da natureza

Arte
Al.: *Kunst* – Fr.: *Art*

* "A arte reproduz (*wiederholt*) as Ideias eternas que ela concebeu por meio da contemplação pura" (M, p. 239), ou seja, emancipada do princípio de razão suficiente (espaço, tempo e causalidade). "Sua única origem é o conhecimento das Ideias; sua única finalidade, a comunicação desse conhecimento" (*ibid.*). Ela é "própria do gênio" (M, p. 240), que possui, portanto, a dupla capacidade de contemplar as Ideias, ou objetidades imediatas da Vontade, e de comunicá-las pela produção das obras, que são a "cópia" (*Abbild*) dessas Ideias.

** A estética schopenhaueriana coloca a ênfase na contemplação das Ideias como condição fundamental da atividade artística. Ao conhecimento racional, submetido ao princípio de razão suficiente, e que "só tem valor na vida prática e na ciência" (M, p. 239), Schopenhauer opõe a "contemplação platônica" (M, p. 240), cuja "reprodução constitui a obra de arte", que, em última instância, "é somente um meio destinado a facilitar o conhecimento da Ideia, conhecimento que constitui o prazer estético" (M, p. 251). Contudo, o leitor não deve se enganar com essa dupla referência platônica à contemplação das Ideias e à doutrina da imitação. Enquanto em Platão, particularmente no Livro X de *A república*, a produção artística é desvalorizada, sendo tratada de "simulacro de simulacro", já que o pintor, por exemplo, nada mais faz senão recopiar uma cópia sensível da Ideia inteligível, Schopenhauer concede-lhe, ao contrário, uma eminente dignidade metafísica, já que ela é uma reprodução da Ideia e, portanto, muito superior aos outros objetos do mundo fenomênico. "Nesta oportunidade, posso indicar mais um ponto no qual nossa teoria das Ideias se afasta bastante da de Platão. Ele ensina (*De Rep.*, X) que o objeto que as belas-artes se empenham em reproduzir, isto é, o modelo da pintura e da poesia, não é a Ideia, mas a coisa particular. Toda a análise que fizemos até agora estabelece justamente o contrário" (M, pp. 272-3). Portanto, a estética de Schopenhauer é antiplatônica e mais parecida com a de Kant, que define o gênio como "poder das

Ideias estéticas", e com a de Hegel, que concebe a arte como a "representação sensível do Espírito".

*** A classificação das belas-artes apresentada por Schopenhauer não deixa de ter, aliás, analogia com a de Hegel, com a diferença de que o ponto de vista histórico, fundamental neste, está ausente naquele. Não se trata do Espírito realizando-se progressivamente no tempo, segundo uma sucessão das artes, sucessivamente dominantes – a arquitetura para a arte simbólica, médio-oriental e egípcia; a escultura para a arte clássica grega; a pintura e depois a música e enfim a poesia, para a arte romântica, ocidental e cristã –, mas de uma hierarquia baseada na hierarquia das Ideias – Forças, Espécies, Caracteres inteligíveis –, que as belas-artes reproduzem. Elevamo-nos assim da arquitetura, ligada às forças elementares – peso, resistência etc. –, até a tragédia, a do herói, que alcança a resignação, último estágio da ética schopenhaueriana, da qual a arte é a propedêutica. A música está ausente dessa classificação vertical: ela não é, "como as outras artes, uma reprodução das Ideias, mas uma reprodução da Vontade (*Abbild des Willens selbst*), tal como as próprias Ideias" (M, p. 329). Portanto, a exemplo destas, ela é "uma objetidade imediata da vontade" (*ibid.*), o que não deixa de suscitar dificuldades, porque as Ideias são essências eternas, ao passo que a música é uma produção humana, que precisa do tempo para se desenvolver. Mas seu privilégio metafísico é tal que Schopenhauer não hesita em afirmar que ela poderia "continuar a existir, mesmo que o universo não existisse" (*ibid.*).

Belo

Al.: *Das Schöne* – Fr.: *Beau*

* "Dizer que uma coisa é bela é exprimir que ela é objeto de nossa contemplação estética; o que implica, em primeiro lugar, que a visão dessa coisa nos torna objetivos, ou seja, que ao contemplá-la temos consciência de nós mesmos, não mais como indivíduos, mas como puros sujeitos cognoscentes, isentos de vontade; em segundo lugar, que reconhecemos no objeto não mais uma coisa particular, mas uma Ideia; o que só pode acontecer com a condição de não nos submetermos, na consideração do objeto, ao princípio de razão" (M, p. 269).

** O "gosto" é, segundo Kant, a faculdade de julgar um objeto de uma maneira desinteressada (*ohne Interesse*). "Chama-se de belo o objeto dessa satisfação."[1] O mesmo vale para Schopenhauer: a contemplação estética e o prazer que ela proporciona são desinteressados (*ohne Interesse*) (M, p. 253). Mas ele abandona os três outros momentos da análise kantiana: a universalidade sem conceito (*ohne Begriff*), a finalidade sem fim (*ohne Zweck*) e a necessidade sem conceito. A experiência do Belo é, pelo contrário, objetiva, já que o sujeito que o contempla, assim como o artista que o produz, alcança uma objetidade da Vontade. Com efeito, o que ele vê não é um fenômeno ilusório e transitório, é uma Ideia, o que exige uma dupla liberação: do lado do objeto, que se despoja de sua aparência fenomenal, e do lado do sujeito, que se emancipa ao mesmo tempo do princípio de razão suficiente e dos tormentos da Vontade, sendo que todas essas operações são indissociáveis.

*** "As coisas são mais ou menos belas conforme facilitem e provoquem em maior ou menor medida a contemplação puramente objetiva" (M, p. 270). Mas a "beleza superior de um objeto provém do fato de que a Ideia que nos fala por meio dele corresponde a um alto grau de objetidade da vontade" (M, p. 271), segundo uma hierarquia que vai da Força ao Caráter inteligível, passando pela Espécie. "Eis por que a beleza humana supera toda outra beleza, eis também por que a representação da essência do homem é o objetivo mais elevado da arte" (*ibid.*). A Beleza é potencialmente universal: "Porque, por um lado, toda coisa dada pode ser considerada de maneira puramente objetiva, fora de qualquer relação; porque, por outro lado, a Vontade se manifesta em cada coisa num grau qualquer de sua objetidade; porque, portanto, cada coisa é a expressão de uma Ideia, segue-se que toda coisa é bela" (M, p. 270). Logo, o sistema de Schopenhauer não é apenas um "pantelismo" (Tudo é Vontade), é também um "pancalismo" (Tudo é Beleza), que prefigura o de Baldwin: "A contemplação estética é o órgão da apreensão do real na sua forma completa, sintética e, em certos sentidos absolutamente definidos, absoluta. A essa teoria demos [...] o nome de pancalismo."[2]

1. Kant, *Crítica da faculdade de julgar*, "Primeiro momento do juízo de gosto considerado do ponto de vista da qualidade", § 5.
2. J. M. Baldwin, *Théorie génétique de la réalité*, 1914, trad. fr., Paris, Alcan, 1918, p. 295.

Caráter inteligível

Al.: *Intelligibler Charakter* – Fr.: *Caractère intelligible*

* O caráter inteligível é "a vontade do homem enquanto coisa em si" (EL, p. 160).

** Ele "coincide com a Ideia ou, mais particularmente, com o ato primitivo de vontade que se manifesta na Ideia" (M, p. 205), ela mesma definida como uma objetidade imediata da Vontade. Essas manifestações originárias da Vontade são chamadas "Forças" no mundo inorgânico, "Espécies" no reino da vida e "Caracteres inteligíveis" no homem, que aparece, no tocante a isso, "como uma manifestação particular e caracterizada da vontade, em certa medida como uma Ideia particular" (M, p. 177, *eine eigene Idee*, uma Ideia pessoal).

*** A distinção entre o caráter inteligível e o caráter empírico é tomada de Kant, que define o segundo como o "esquema sensível" do primeiro[1]. Schopenhauer vê nisso um dos "dois diamantes da coroa kantiana", sendo o primeiro a distinção entre o fenômeno e a coisa em si. Kant demonstra assim "seu mérito imortal de maneira particularmente brilhante" (M, p. 205), e "essa teoria faz parte do que esse grande homem e, diria até, do que toda a humanidade produziu de mais belo e mais profundo até hoje" (EL, p. 159). Nem por isso deixa de criticar Kant por ter estabelecido indevidamente um nexo de causalidade entre os dois caracteres – Kant fala efetivamente de uma "causalidade inteligível", da "causalidade de uma coisa em si" –, ao passo que a relação de causalidade deve estar estritamente limitada à esfera fenomênica. "Não é tratando da causa e do efeito que se deve estudar, como faz Kant, a relação entre a vontade e sua manifestação fenomênica (ou seja, entre o caráter inteligível e o caráter empírico); pois essa relação é absolutamente distinta da relação causal" (M, p. 637). "Deve-se tomar o caráter inteligível em cada um de nós como um ato extemporâneo de vontade, logo, indivisível e inalterável; esse ato manifestado no tempo e no espaço e segundo todas as formas do princípio de razão suficiente [...] constitui o caráter empírico, que se revela aos olhos da experiência no conjunto da conduta e em toda a existência do indivíduo de que se trate" (M, p. 368).

1. Kant, *Crítica da razão pura*, "Antinomia da razão pura", 9ª sessão.

Causalidade

Al.: *Kausalität* – Fr.: *Causalité*

* A causalidade é uma das três modalidades do princípio de razão suficiente. Longe de constituir uma categoria autônoma, é produzida pela relação entre as suas duas outras instâncias, o espaço e o tempo. "Portanto, é a causalidade que forma o nexo entre o tempo e o espaço" (M, p. 33).

** A natureza desse nexo é complexa. Ora Schopenhauer fala de uma "limitação recíproca" (M, p. 33, *gegenseitige Beschränkung*) do espaço e do tempo, que produz a lei de causalidade. Ora evoca uma "penetração recíproca" (R, p. 141, *Wechseldurchdringung*). Seja qual for essa gênese, a causalidade recebe um estatuto comparável àquele que tem em Kant. Nesse sentido, pode até ser considerada a única sobrevivente das doze categorias kantianas, cuja "Tábua" suscita sarcasmos de Schopenhauer. A causalidade é "a única forma do entendimento; quanto às onze outras categorias, são como janelas falsas de uma fachada" (M, p. 560). Aliás, "todas as vezes que, para melhor se explicar, Kant quer dar um exemplo, ele quase sempre toma a categoria de causalidade" (*ibid.*) "Eis por que entendo que, das doze categorias, onze podem ser jogadas fora para conservar apenas a causalidade" (M, p. 562). Esse privilégio lhe concede uma nova posição na estrutura transcendental. Enquanto Kant a separava, como categoria do entendimento, das duas formas *a priori* da intuição sensível (espaço e tempo), Schopenhauer reúne geneticamente as três determinações no princípio de razão suficiente.

*** Convém não confundir, como fez Maine de Biran, a causalidade e a força, que é uma das Ideias, ou objetivações imediatas da Vontade. Também é importante não reduzir a causalidade à causa (*Ursache*), que é apenas uma de suas modalidades na esfera fenomênica. A causa rege o mundo inorgânico, a excitação (*Reiz*), o mundo vegetal e o motivo (*Motiv, Motivation*), o reino animal, no qual, aliás, cumpre distinguir os motivos sensíveis, ligados ao entendimento e, portanto, comuns aos homens e aos animais, dos motivos abstratos, que dependem da razão e são, por conseguinte, específicos da humanidade. Mas, seja sua modalidade qual for e seja qual for o nível em que intervenha, a causalidade é imperiosa e é somente na esfera metafísica, a da Vontade, que reina, igualmente imperiosa, a liberdade.

Ciência

Al.: *Wissenschaft* – Fr.: *Science*

* Só existe ciência do fenomênico, isto é, do universo da representação, regido pelo princípio de razão suficiente (espaço, tempo, causalidade). As proposições científicas permanecem na superfície do mundo físico, são apenas as leis da ilusão, e o essencial, a Vontade metafísica e suas objetidades imediatas, as Ideias (Forças, Espécies e Caracteres inteligíveis), permanecem fora de seu campo. "A ciência, com efeito, não pode penetrar até a essência íntima do mundo; nunca vai além da simples representação e, no fundo, apenas fornece a relação entre duas representações" (M, p. 56). "Poder-se-ia, portanto, comparar a ciência com um bloco de mármore, em que numerosos veios correm uns ao lado dos outros, mas em que não se vê o curso interior desses veios até a superfície oposta" (M, p. 138).

** As quatro modalidades do princípio de razão suficiente permitem estabelecer uma classificação das ciências: "I – Ciências puras *a priori*. 1) Doutrina da razão do ser (*ratio essendi*); a) No espaço: geometria; b) No tempo: aritmética, álgebra. 2) Doutrina da razão do conhecimento (*ratio cognoscendi*): lógica.

II – Ciências empíricas ou *a posteriori*. Todas baseadas na razão do devir (*ratio fiendi*), ou seja, nos três modos da lei de causalidade. 1) Doutrinas das causas; a) Causas gerais: mecânica, hidrodinâmica, física, química; b) Causas particulares: astronomia, mineralogia, geologia, tecnologia, farmácia. 2) Doutrina das excitações; a) Gerais: fisiologia das plantas e dos animais, bem como a anatomia, ciência auxiliar da anterior; b) Particulares: botânica, zoologia, zootomia, fisiologia comparada, patologia, terapêutica. 3) Doutrina dos motivos; a) Gerais: moral, psicologia; b) Particulares: direito, história" (M, p. 813). De fato, estas últimas "ciências" parecem derivar, antes, da quarta "raiz" do princípio de razão suficiente, a razão do agir (*ratio agendi*), esquecida nessa classificação, em que ela apenas aparece como subdivisão da *ratio fiendi*. Quanto à "filosofia ou metafísica", ela evidentemente escapa a essa classificação, já que sua destinação fundamental é radicalmente diferente da da ciência. "Ela deve ser considerada a base fundamental de todas as ciências, mas é de essência superior a elas" (*ibid.*). "Por maiores que sejam os progressos da física [...] não contribuirão para nos fazer avançar um passo sequer rumo à metafísica; assim como tampouco uma superfície, por mais longe que se prolongue, adquirirá um conteúdo em volume" (M, p. 872). "Assim, em nossos dias, a casca da natureza é minuciosamente estudada, conhecem-se nos mínimos detalhes os intestinos dos vermes intestinais e o verme do verme. Mas se vier um filósofo como eu, que fala do núcleo íntimo da natureza, essas pessoas não se dignarão mais a escutar, por considerarem esse estudo alheio à ciência, e continuarão descascando sua casca" (M, p. 873). A física não tem nenhum direito perante a metafísica. Por isso é que Schopenhauer recusa o "materialismo tão grosseiro quanto estúpido" (VN, p. 41) de Büchner e Moleschott. Assim também o atomismo, "um absurdo revoltante [...] uma ideia fixa dos cientistas franceses [...] consequência do estado atrasado em que permaneceu a metafísica deles, tão negligenciada no seu país" (M, p. 1019). Ainda estão em Locke e Condillac, não passaram pela "operação de catarata" praticada por Kant na Alemanha. Foi também essa ignorância do kantismo que levou Lamarck a propor sua hipótese inepta sobre a evolução das espécies, recusada pela metafísica, que impõe a imutabilidade delas.

*** Convém contudo ressaltar que Schopenhauer possui uma sólida formação científica. Durante quatro anos, de 1809 a 1813, em Göttingen e depois em Berlim, e paralelamente aos estudos de Schulze, Fichte e Schleiermacher, ele frequentou os cursos dos anatomistas Hempel e Blumenbach, do astrônomo Bode, do naturalista Lichtenstein e dos fisiologistas Horkel e Rosenthal. Isso poderia explicar o engano de sua mãe, que, dizem, acreditou que a *Quádrupla raiz* (1813) era uma tese de odontologia. Sua segunda obra, *Sobre a visão e as cores* (1816), é um tratado científico, em que, partindo da *Farbenlehre* (Doutrina das cores) de Goethe, contrapõe à concepção newtoniana sua "teoria fisiológica das cores": as diferenças entre estas não provêm nem dos graus de refrangibilidade dos raios (Newton), nem dos meios atravessados (Goethe), mas da atividade retiniana. Nesse sentido, é significativo que o nome do filósofo tenha sido citado primeiramente nas revistas científicas. Posteriormente, Schopenhauer não cessou de aprofundar sua informação, que às vezes confina com a erudição, como se nota em *Sobre a vontade na natureza* (1836), e não se limita às ciências físicas e biológicas, pois, no terreno da matemática, por exemplo, ele propõe construir uma geometria intuitiva (QR, § 39) e "fornece luminosos exemplos desse tipo de demonstração [...], antecipando em quase um século as recentes teorias de M. Mérey"[1], para não falar das de Brouwer.

1. Th. Ruyssen, *Schopenhauer, op. cit.*, p. 170.

Coisa em si

Al.: *Ding an sich* – Fr.: *Chose en soi*

* A coisa em si é a Vontade. Kant chamava de "coisa em si" a realidade efetiva, independente da experiência fenomênica que dela temos, submetida à dupla condição das formas *a priori* da intuição sensível (espaço e tempo) e das categorias do entendimento. Ela é radicalmente incognoscível e só é possível nomeá-la de modo indeterminado. Schopenhauer retoma essa distinção fundamental, mas submete-a a duas transformações profundas. 1 – A coisa em si agora é cognoscível, ao menos relativamente. 2 – Esse conhecimento é, na origem, a experiência de minha vontade, em seguida estendida ao conjunto dos fenômenos, até mesmo inorgânicos.

** "O maior mérito de Kant foi ter distinguido o fenômeno da coisa em si" (M, p. 522). Mas cabe indagar se Schopenhauer, que se pretende herdeiro do kantismo, mas também seu "audacioso continuador" (VN, p. 45), não terá, em sua audácia, traído o espírito dessa distinção eminente, que é a pedra angular do idealismo transcendental. 1 – Tendo se tornado "representação", o fenômeno (*Erscheinung*) é reduzido a uma aparência (*Schein*), o que é contrário à doutrina kantiana. 2 – Se a coisa em si é cognoscível, acaso ainda se pode falar de "coisa em si"? Schopenhauer, no entanto, empenha-se em salvaguardá-la como tal e a sustentar o paradoxo de sua cognoscibilidade, como atestam os títulos de dois capítulos dos "Suplementos" ao *Mundo*: "Como a coisa em si é cognoscível" (XVIII) e "Considerações transcendentes sobre a vontade como coisa em si" (XXV). Não se sabe, contudo, muito bem de que natureza é esse conhecimento, nem, sobretudo, qual a instância cognitiva que o garante, já que não pode ser nem o entendimento nem a razão, regidos pelo princípio de razão suficiente (espaço, tempo e causalidade). Schopenhauer hesita entre várias possibilidades e parece optar finalmente por uma solução de compromisso: "Esse conhecimento interior está livre de duas formas inerentes ao conhecimento externo, ou seja, da forma do espaço e da forma da causalidade, mediadora de toda intuição sensível. O que permanece é a forma do tempo e a relação entre o que conhece e o que é conhecido. Por conseguinte, nesse conhecimento interior, a coisa em si certamente se livrou de muitos de seus véus, sem contudo se apresentar totalmente nua e sem envoltório" (M, p. 892). "Logo, o ato de vontade é certamente apenas o *fenômeno* mais próximo e mais preciso da coisa em si. [...] Desse modo, a doutrina kantiana da incognoscibilidade da coisa em si é modificada no sentido de que essa coisa em si é incognoscível apenas absolutamente, mas é substituída para nós pelo mais imediato de seus fenômenos" (M, p. 893). Portanto, ela é cognoscível apenas relativamente, mas, a despeito dessa relatividade, o conhecimento da coisa em si prevalece sobre todos os outros, na medida em que é metafísico, ao passo que as representações fenomênicas apenas me oferecem um saber ilusório. O termo vontade, "longe de representar aos nossos olhos um desconhecido, indica, ao contrário, o que, ao menos de certo ângulo, nos é infinitamente mais conhecido e mais familiar que todo o resto" (M, p. 1040). O problema se complica ainda mais com a extensão de minha vontade ao conjunto do mundo, uma transferência exorbitante, que, agora, nenhuma experiência vem garantir. Trata-se de uma "transferência analógica", ou seja, ao que parece, de um produto de minha razão "lógica", estranhamente investida de uma função metafísica, que no entanto lhe é negada por Schopenhauer.

*** É interessante comparar a posição de Schopenhauer, que tenta, a qualquer custo, "salvar" a coisa em si kantiana, com a de Hegel, que não hesita em se desfazer dela como uma noção vazia, um *caput mortuum* que não é "ele mesmo senão o produto do pensamento, precisamente do pensamento que progrediu até a pura abstração, do Eu vazio que toma como objeto essa vazia identidade dele mesmo. [...] Diante disso, espanta ler, em tantas oportunidades, que não se sabe o que é a *coisa em si*; quando não há nada mais fácil do que saber isso"[1].

1. Hegel, *Encyclopédie des sciences philosophiques*, "Concept préliminaire", § 44.

Compaixão

Al.: *Mitleid* – Fr.: *Pitié*

* A piedade, ou compaixão, é a "participação (*Teilnahme*) imediata, sem qualquer segunda intenção, primeiramente nas dores alheias e, depois e por conseguinte, na cessação ou supressão desses males" (FM, p. 118). Contra o racionalismo kantiano, longa e violentamente criticado, Schopenhauer a considera o "fundamento da moral" (*Grundlage der Moral*).

** Não se trata de um postulado, mas de uma verdadeira dedução (*Ableitung*), segundo um método analítico, regredindo de condição em condição, até encontrar uma que seja realizada.

Tomemos a seguinte sequência: 1 – "O próprio da ação, positiva ou negativa, moralmente boa, (é) ter em vista a vantagem e o proveito de um *outro*" (FM, p. 117); 2 – "Ora, para que minha ação seja feita unicamente tendo em vista um outro, é preciso que o bem desse outro seja para mim, diretamente, um motivo, tal como o meu bem o é para mim comumente" (*ibid.*). 3 – "Ora, isso supõe que, por um meio qualquer, eu esteja *identificado* (*identifiziert*) com ele, que toda diferença entre mim e outrem esteja destruída, ao menos até certo ponto, pois é justamente sobre essa diferença que repousa meu egoísmo" (FM, p. 118). 4 – Ora "esse é o fenômeno cotidiano da compaixão" (*ibid.*). 5 – "Essa compaixão, eis (por conseguinte) o único princípio real de toda justiça espontânea e de toda verdadeira caridade" (*Menschenliebe*) (*ibid.*). Portanto, Schopenhauer tem motivos para afirmar que "toda essa série de pensamentos, cuja análise aqui está", ele não a "sonhou" (*der hier analysierte Vorgang aber ist kein erträumter*) (*ibid.*), já que ela desemboca em um fenômeno indubitável e familiar, qualidades de que evidentemente não poderia tirar proveito a dedução kantiana, esse "ergotismo conceitual" e essas "bolhas de sabão". Da compaixão procedem a justiça e a caridade, duas virtudes cardinais das quais "todas as outras decorrem na prática e são deduzidas em teoria" (FM, p. 123). A justiça – *neminem laede*, não prejudica ninguém –, "nisso se resume o *Antigo Testamento*" (FM, p. 144). A caridade – *omnes, quantum potes, juva*, ajuda a todos o quanto puderes –, esse "segundo grau" da compaixão, em que "o sofrimento do outro torna-se por si mesmo, e sem intermediário, o motivo de meus atos" (FM, p. 140), "resume o *Novo*" (FM, p. 144).

*** A compaixão não é somente o fundamento da moral. Vê-se, ademais, investida de uma função metafísica essencial. Na experiência da compaixão, experimento a unidade fundamental de todos os seres, até mesmo inanimados, essa verdade cuja fórmula foi dada pelos Upanixades com a "sublime palavra": *Tat twam asi*, tu és isto, este outro é também tu mesmo, a individuação fenomênica não passa de ilusão. A compaixão abre, portanto, para a essência última das coisas, a unidade da coisa em si. Assim como a sexualidade constitui a "verdadeira sede" da vontade, na medida em que esta se afirma, também a compaixão aparece como uma iniciação a essa vontade, na medida em que ela se encaminha para a sua própria negação. Logo, a compaixão é mais metafísica que a sexualidade, que, certamente, enquanto experiência privilegiada de minha vontade, me permite atravessar a casca fenomênica e alcançar o núcleo de meu ser, mas não me livra do tormento do desejo e da diferença. Somente a experiência da compaixão me conduz à essência indivisa dos seres. Disso se segue, em termos kantianos, que esse "fato cotidiano" não é apenas a *ratio essendi* da moralidade, mas também a *ratio cognoscendi* da Vontade.

Corpo
Al.: *Leib* – Fr.: *Corps*

* É preciso distinguir duas experiências do corpo, na medida em que ele nos "é dado de duas maneiras totalmente diferentes; por um lado, como representação no conhecimento fenomênico, como objeto entre outros objetos e submetido às leis deles; e, por outro, ao mesmo tempo, como esse princípio imediatamente conhecido por cada um, designado pela palavra *Vontade*" (M, p. 141). Não se pode, no entanto, dissociá-las, pois uma é expressão da outra, o corpo físico manifestando esse corpo metafísico que é minha vontade.

** O corpo pertence ao mundo fenomênico; mas é o local onde ocorre uma experiência metafísica, a de minha vontade. Desse ponto de vista, ele é uma "*objetidade da vontade*" (M, p. 141, *Objektität des Willens*). "Pode-se também dizer em certo sentido: a vontade é o conhecimento *a priori* do corpo; o corpo é o conhecimento *a posteriori* da vontade" (*ibid.*). Essa dualidade do corpo está de certo modo condensada e, literalmente, "focalizada" na doutrina schopenhaueriana da sexualidade: os órgãos genitais pertencem evidentemente ao mundo físico, mas são também "a verdadeira *sede* da vontade (*Brennpunkt des Willens*), o polo oposto ao cérebro, que representa a inteligência, a outra face do mundo, o mundo como representação" (M, p. 416).

*** Convém não reintroduzir sub-repticiamente um vínculo de causalidade entre esse corpo metafísico e sua expressão física. "O ato voluntário e a ação do corpo não são dois fenômenos objetivos diferentes, ligados pela causalidade; não mantêm entre si uma relação de causa e efeito. São um único e mesmo fato; com a ressalva de que esse fato nos é dado de duas maneiras diferentes: por um lado, imediatamente, por outro, como representação sensível" (M, p. 141). Essa relação causal só vale na esfera fenomênica, a dos corpos, inorgânicos ou orgânicos, que agem uns sobre os outros, segundo a lei do determinismo. Por isso é que Schopenhauer critica Maine de Biran, que imagina, equivocadamente, "que o ato voluntário como causa é seguido de um movimento do corpo como efeito" (M, p. 709). "Não reconhecemos de forma alguma a ação imediata particular da vontade como diferente da ação do corpo, e não vemos nenhum nexo causal entre uma e outra; ambas mostram-se para nós como uma única e mesma coisa; é impossível separá-las. Entre elas não há nenhuma sucessão; elas são simultâneas. É uma única e mesma coisa percebida de duas maneiras diferentes; pois o que nos é dado na percepção íntima (a consciência) como um *ato real da vontade*, mostra-se na nossa intuição externa, em que o corpo é objetivado, como *um ato desse mesmo corpo*" (M, p. 710).

Entendimento

Al.: *Verstand* – Fr.: *Entendement*

* O entendimento é a faculdade da representação. Estruturado pelo princípio de razão suficiente (a tríade: espaço, tempo, causalidade), seu papel é essencialmente perceptivo e pragmático.

** Enquanto Kant distingue a intuição e suas formas *a priori* (espaço e tempo), objetos de uma Estética Transcendental, do entendimento e suas doze categorias (entre as quais a causalidade), objetos de uma Analítica Transcendental, Schopenhauer as funde numa única faculdade, chamada alternadamente entendimento, intelecto ou intuição, e objeto da "dianoiologia", ou "doutrina da inteligência", ou seja, "o exame das representações primárias ou intuitivas" (FC, p. 150). Se "a intuição não é de ordem puramente sensível, mas intelectual" (M, p. 37) – "e é precisamente isso o que Kant nega" (M, p. 556) –, a operação do entendimento, em contraposição, é "intuitiva e totalmente imediata" (QR, p. 192).

*** Esse entendimento intuitivo e essa intuição intelectual não têm nada a ver com o que Kant e os pós-kantianos designam com essas expressões. Segundo Kant, um entendimento intuitivo, "cuja representação faria os objetos dessa representação existirem ao mesmo tempo", só pode ser pensado no condicional, porque nosso entendimento é discursivo. Este evidentemente não é o estatuto do entendimento schopenhaueriano, que tampouco se assemelha à intuição intelectual dos pós-kantianos, essa faculdade do incondicionado e do absoluto. Ele é, pelo contrário, condicionado e relativo. Longe de nos elevar ao divino, ele nos aproxima da animalidade. "O entendimento é o mesmo nos animais e no homem; apresenta em toda parte a mesma essência simples: conhecimento pelas causas, faculdade de vincular o efeito à causa ou a causa ao efeito, e nada mais" (M, p. 46). Se "a vontade é metafísica, o intelecto (é) físico" (M, p. 897). Portanto, não se pode atribuir a ele o menor poder fora da esfera fenomênica, a da representação e da ação. "Tal faculdade de conhecimento, exclusivamente reservada para fins práticos, jamais poderá, por sua própria natureza, conceber senão as relações recíprocas das coisas, e não a sua essência própria, tal como existe em si" (M, p. 999). Logo, o entendimento não nos é de nenhuma ajuda para atingir a coisa em si, isto é, a vontade, que requer uma experiência metafísica de ordem totalmente diversa.

Espécie

Al.: *Gattung* – Fr.: *Espèce*

* Na tríade das Ideias, a Espécie se situa entre a Força e o Caráter inteligível. Ela é "a objetidade imediata da Vontade" no reino orgânico.

** Essa determinação da Espécie, independente do princípio de razão suficiente (espaço, tempo, causalidade), garante-lhe a eternidade e a imutabilidade. "Por isso, a todo momento do tempo, todas as raças de animais, da mosca ao elefante, coexistem por completo" (M, p. 1223). Por esse motivo é que o evolucionismo está metafisicamente excluído. Lamarck, ignorando o kantismo, tal como todos os seus compatriotas, "não podia chegar a pensar que a Vontade do animal, enquanto coisa em si, pudesse se situar fora do tempo e preexistir, portanto, ao próprio animal" (VN, p. 101). O mesmo deve ser dito da teoria darwiniana, tal como está exposta em *Da origem das espécies* (1859), e da qual Schopenhauer tomou conhecimento pouco antes de morrer: "É empirismo raso, totalmente insuficiente para o assunto, pura variação sobre a teoria de Lamarck." Essa "obra não tem nada em comum com minha teoria" (Carta a Von Doss, 1º. de março de 1860). Dessa vez, Schopenhauer concorda com Hegel: "A vida orgânica não tem história."[1] Mas essa concordância não avança mais, pois Schopenhauer considera a história um engodo, o espaço privilegiado da ilusão fenomênica. "Os hegelianos, para quem a filosofia da história chega até a ser a finalidade principal de toda a filosofia, devem ser enviados a Platão" (M, p. 1183). "A verdadeira filosofia da história consiste em ver que sob todas essas infinitas mudanças, e no meio de todo esse caos, tem-se sempre diante de si o mesmo ser, idêntico e imutável, ocupado hoje com as mesmas intrigas que ontem e que em todos os tempos: deve, portanto, reconhecer o fundo idêntico de todos esses fatos antigos ou modernos, ocorridos tanto no Oriente quanto no Ocidente" (M, p. 1184). As peripécias históricas, por mais espetaculares que pareçam, não passam de anedotas, que remetem a uma identidade fundamental: *semper aliter, sed idem* (sempre diferente, mas o mesmo).

*** A Espécie, no entanto, parece não se satisfazer com essa perpetuidade, que poderia parecer "sem história", já que está metafisicamente garantida. Ela intervém, com efeito, no mecanismo da sexualidade, que se torna o lugar dessa "grande ilusão" fenomênica, que Schopenhauer descreve com prazer na sua "Metafísica do amor" ("*Metaphysik der Geschlechtsliebe*", M,

Suplementos de 1844, § 44), onde os amantes são, sem saber, joguetes do Gênio da Espécie (*Genius der Gattung*). "Portanto, aqui, como em todo instinto, a verdade adotou a forma de uma ilusão para agir sobre a vontade. É de fato uma ilusão voluptuosa que engana o homem fazendo-o crer que encontrará nos braços de uma mulher cuja beleza o seduz mais prazer do que nos de outra, ou inspirando nele a firme convicção de que determinado indivíduo é o único cuja posse pode lhe proporcionar a suprema felicidade. Imagina também que realiza todos esses esforços e todos esses sacrifícios para seu próprio prazer, mas é apenas pela conservação do tipo da espécie em toda a sua pureza ou para a procriação de uma individualidade bem determinada, que só poderá nascer daqueles pais" (M, pp. 1295-6). Cabe indagar, contudo, por que a Espécie dá tanta atenção à pureza de seu tipo, se, por seu estatuto metafísico "ideal", essa pureza estaria eternamente garantida. Esse eugenismo da escolha amorosa parece supérfluo e, no tocante a isso, o cinismo de Chamfort (de quem Schopenhauer lera as *Máximas e Anedotas*), acaba parecendo mais coerente: "A natureza só pensa na manutenção da espécie; e, para perpetuá-la, não precisa de nossa tolice. Se, ébrio, eu me dirijo a uma empregada de cabaré ou a uma rameira, o objetivo da natureza pode se cumprir tão bem como se eu tivesse conseguido Clarisse depois de dois anos de esforços; ao passo que minha razão me salvaria da empregada, da rameira e talvez até de Clarisse."

1. Hegel, *A fenomenologia do espírito*, cap.V, A, a.

Estupidez
Al.: *Dummheit* – Fr.: *Bêtise*

* A estupidez é uma falha de entendimento. "É uma espécie de inaptidão (*Stumpfheit, stumpf*, embotado, obtuso) para fazer uso do princípio de causalidade, uma incapacidade de captar rapidamente os nexos, seja entre causa e efeito, seja entre motivo e ato" (M, p. 48), ou seja, para manejar eficazmente o princípio de razão suficiente. Ela se opõe à vivacidade de espírito (*Schärfe*), ou "facilidade de aplicar o princípio de causalidade" (*ibid.*).

** Na sua doutrina da representação, Schopenhauer cria um dispositivo terminológico sofisticado, bastante difícil de traduzir. Se a falta de entendimento se chama *Dummheit* (estupidez), a falta de razão no uso lógico se chama *Einfalt* (parvoíce) e, no uso prático, *Torheit* (tolice, insanidade). Mas as duas faculdades também podem se enganar (*Trug*). O entendimento cai então na ilusão (*Schein*), e a razão, no erro (*Irrtum*) (M, p. 50).

*** Se nos ativermos a essa análise, a estupidez e seus vizinhos situam-se do lado da representação e traem apenas uma falta ou falha, seja do entendimento, seja da razão, no uso do princípio de razão suficiente. Mas Schopenhauer também esboça uma verdadeira metafísica da estupidez, que questiona a própria Vontade, que, sabemos, é essencialmente "*grundlos*", ou seja, alheia ao princípio de razão suficiente, e que compartilhamos com todos os outros fenômenos. "A vontade, como coisa em si, é comum a todos os seres. Por conseguinte, nós a possuímos em comum com todos os homens, até mesmo com os animais, e num grau ainda mais baixo [...] Entregue a esse afeto, o maior gênio torna-se semelhante ao filho do mais vulgar da terra" (EDP, pp. 168-9). Isso explicaria, então, por que o gênio, que já está na inquietante proximidade da loucura, é, mais que ninguém, ameaçado pela estupidez, esse "fundo universal, digestivo e leguminoso"[1]. Com relação a isso, Schopenhauer prenuncia os grandes escritores franceses que farão da Estupidez sua inimiga pessoal (Baudelaire, Flaubert, Mallarmé etc.). Muitos deles, aliás, lhe prestarão homenagem (Huysmans, por exemplo, em *À rebours*, 1884), quando sua fama tiver cruzado as fronteiras.

1. G. Deleuze, *Différence et répétition*, Paris, PUF, 1969, p. 196. "Existe um único absoluto contrário ao absoluto, é a estupidez." [Ed. bras.: *Diferença e repetição*, Graal, 2009.] Kierkegaard, *In vino veritas*, trad. fr. in *Étapes sur le chemin de la vie*, Paris, Gallimard, 1948, p. 47.

Excitação

Al.: *Reiz* – Fr.: *Excitation*

* A excitação é a segunda forma da causalidade. Concerne a todos os organismos, mas "a determinação exclusiva e absolu-

tamente geral pela excitação é o caráter que distingue as plantas" (EL, p. 63).

** A excitação forma, com a causa propriamente dita (*Ursache*), que reina sobre o conjunto do mundo, e a motivação (*Motivation*), que só rege o mundo animal, a tríade da causalidade. Sua característica específica é o seguinte: "A ação não é igual à reação, e a intensidade do efeito, em todos os seus graus, não tem absolutamente uma evolução conforme à da intensidade da causa: mais ainda, pode ocorrer que, pelo reforço da causa, o efeito se inverta" (QR, p. 187). "Podemos, por exemplo, pelo uso do vinho ou do ópio, concentrar as energias de nosso espírito e as exaltar de forma notável; mas se ultrapassamos certo limite, o resultado é totalmente contrário" (EL, p. 62).

*** A determinação pela excitação não é nem mais nem menos imperiosa que a das outras formas da causalidade, que também dependem todas do princípio de razão suficiente. Por isso a classificação geral das ciências comporta uma "Doutrina das excitações" que, por sua vez, se subdivide em: fisiologia das plantas e dos animais, anatomia, botânica, zoologia, zootomia, fisiologia comparada, patologia, terapêutica (M, p. 813).

Filosofia

Al.: *Philosophie* – Fr.: *Philosophie*

* "A filosofia tem de continuar sendo cosmologia e não se tornar teologia. Seu tema deve se limitar ao mundo; a natureza, a essência íntima desse mundo, expressa em todas as suas relações, é esse o único resultado que ela pode honestamente nos dar" (M, p. 1380). Portanto, a filosofia é uma teoria do Mundo, fundada no dualismo da Vontade metafísica e da Representação fenomênica.

** A filosofia não é uma teologia. "Um filósofo deve antes de mais nada ser um incréu" (*Ungläubiger*) (VN, p. 45) e "a filosofia não é feita para jogar água no moinho dos padres" (*Pfaffen*) (VN, p. 48). Donde a violência das críticas que Schopenhauer endereça a Kant, em quem no entanto se louva, mas que acusa de ter permanecido um teólogo disfarçado, e aos filósofos pós-kantianos, os "três sofistas", Fichte, Hegel e Schelling, cujo reinado será conhecido um dia na história da filosofia pelo nome de "período da deslealdade" (FM, p. 47). Seus criados, os "professores de filosofia", estipendiados pelo Poder, são farinha do mesmo saco, estúpidos e corruptos. "De nada serve Kant ter demonstrado, com a mais rara penetração e profundidade, que a razão teórica jamais pode se elevar a objetos fora da possibilidade da experiência. Esses senhores não têm a menor preocupação com semelhante coisa: mas eles não hesitam em ensinar, faz cinquenta anos, que a razão tem conhecimentos diretos absolutos, que ela é uma faculdade naturalmente fundada na metafísica, e que, fora de qualquer possibilidade da experiência, ela reconhece diretamente e certamente apreende o suprassensível, o bom Deus e companhia" (FF, p. 98); e Schopenhauer zomba desse "pobre-diabo", submetido à regra universitária do *primum vivere* e "disposto a deduzir *a priori* tudo o que lhe pedirem, inclusive o diabo e sua mãe, e até, se preciso for, a ver nisso a intuição intelectual" (V, p. 64).

*** A filosofia tampouco é uma epistemologia. A ciência, que trata das representações, está submetida ao princípio de razão suficiente (espaço, tempo, causalidade), e portanto não pode alcançar a verdade última, isto é, a Vontade e suas objetidades imediatas, as Ideias. As fórmulas científicas concernem apenas à superfície fenomênica e são, portanto, apenas leis da ilusão. Por isso é que Schopenhauer, que, por outro lado, dispõe de uma cultura científica apreciável – sua informação, na sua obra de 1836, *Sobre a vontade na natureza*, é impressionante –, denuncia com virulência as grandes correntes científicas de seu tempo, atomismo, materialismo, evolucionismo etc., em nome de sua própria metafísica. Em seu último trabalho, *Parerga e Paralipomena* (1851), Schopenhauer parece adotar, às vezes, uma concepção estética da filosofia, o que explicaria, em parte, o sucesso do livro e a celebridade de seu autor na segunda metade do século XIX. "O filósofo nunca deve esquecer que pratica uma arte e não uma ciência" (FF, p. 120). "Essa filosofia, enquanto arte, certamente será muito inoportuna para bastante gente" (FF, p. 134). "Será arte e, como esta, só existirá para alguns. Para a maioria das pessoas, com efeito, nem Mozart, nem Rafael, nem Shakespeare jamais existiram: um abismo intransponível os separa para sempre da massa, assim como é impossível para o populacho aproximar-se dos príncipes" (FF, p. 123). "Assim será minha filosofia: será uma filosofia enquanto arte. Cada qual entenderá o que merece entender" (FF, p. 134). Concepção artística e elitista do exercício filosófico, que parece contradizer a injunção, contemporânea contudo, segundo a qual "a filosofia deve ser um conhecimento transmissível e, por conseguinte, racionalista" (FC, p. 140).

Força
Al.: *Kraft* – Fr.: *Force*

* A Força constitui, com a Espécie e o Caráter inteligível, a tríade das Ideias, ou "objetidades imediatas da Vontade". Seu reino é universal, ao passo que a Espécie concerne apenas ao mundo orgânico, e o Caráter inteligível é próprio da humanidade.

** "As forças gerais da natureza mostram-se a nós como o grau mais baixo da objetivação da vontade; manifestam-se em toda matéria, sem exceção, como peso, impenetrabilidade, e, por outro lado, dividem entre si a matéria, de tal modo que umas dominam aqui, outras acolá, numa matéria especificamente diferente, como é o caso da solidez, da fluidez, da eletricidade, do magnetismo, das propriedades químicas" (M, p. 175). Mediante esses exemplos, vê-se que as forças são entidades abstratas, que devem ser distinguidas das leis da natureza fenomênica, submetida ao princípio de razão suficiente. Ainda que as forças se manifestem na matéria, elas são, em si mesmas, incondicionadas, tal como a Vontade. "Por isso é ridículo indagar qual é a causa do peso ou da eletricidade; são forças primitivas, cujas manifestações ocorrem em virtude de certas causas, de tal modo que cada uma dessas manifestações tem uma causa que, como tal, é ela mesma um fenômeno, e que determina o aparecimento de certa força em certo ponto do espaço ou do tempo; mas a força ela mesma não é efeito de uma causa ou causa de um efeito" (M, pp. 175-6).

*** "A própria força é uma manifestação da vontade e, como tal, não está submetida às formas do princípio de razão, é sem razão (*grundlos*). Está fora do tempo, está presente em toda parte e pode-se dizer que espreita constantemente o concurso das circunstâncias graças às quais ela pode se manifestar e se apropriar de uma determinada matéria, expulsando as outras forças que antes ali reinavam" (M, p. 182). Essas forças entregam-se assim a um combate incessante, em que cada uma tenta suplantar as outras e sujeitá-las. "Assim, em toda natureza vemos luta, combate e alternância de vitória, e assim chegamos a entender mais claramente o essencial divórcio da vontade consigo mesma. Cada grau da objetivação da vontade disputa com o outro a matéria, o espaço e o tempo" (M, p. 195). As descrições que Schopenhauer faz desse conflito generalizado antecipam incontestavelmente as que Nietzsche dedicará à "Vontade de poder". Schopenhauer terá cometido apenas um engano aos olhos daquele que foi, inicialmente, seu discípulo entusiasta: pregar a resignação, isto é, a negação da vontade.

Gênio

Al.: *Genie, Genius, Genialität* – Fr.: *Génie*

* O gênio "consiste na aptidão para se emancipar do princípio de razão [...] para reconhecer as Ideias e, enfim, para se pôr a si mesmo diante delas como seu correlativo, já não a título de indivíduo, mas a título de puro sujeito cognoscente" (M, pp. 250-1). Logo, trata-se em primeiro lugar de uma espécie de dom contemplativo, traduzindo-se, em seguida, na produção das obras de arte, que, elas mesmas, não são senão a reprodução das Ideias, ou "objetidades imediatas da Vontade".

** Kant, na sua *Crítica da faculdade de julgar*, define o gênio como um "dom natural" (§ 46), e como "a faculdade das ideias estéticas" (§ 57). A despeito de similitudes formais, a doutrina de Schopenhauer é muito diferente. Nela, as Ideias não são produzidas pelo gênio, são apenas reproduzidas a partir de pura contemplação. O gênio também pode ser lido no rosto, no qual se "pode ver uma preponderância marcante do conhecimento sobre a vontade" (M, p. 243). Não de qualquer conhecimento, é verdade, pois este está emancipado do princípio de razão suficiente e se opõe, por conseguinte, tanto ao entendimento prático quanto à razão científica. Schopenhauer chega até a quantificar essa preponderância: "Se o homem normal é formado de dois terços de vontade e um terço de intelecto, o homem de gênio compreende dois terços de intelecto e um terço de vontade" (M, pp. 1105-6). Por isso esse gênio, de que as mulheres estão desprovidas – "sempre subjetivas", elas só têm talento (M, p. 1122) –, "é uma faculdade contranatural" (M, p. 1116, *naturwidrig*), "uma exceção totalmente isolada e quase monstruosa" (M, p. 1122).

*** Essa preponderância do conhecimento explica o "parentesco" (*Verwandschaft*) entre gênio e loucura (*Wahnsinn*). "O gênio e a loucura têm um lado pelo qual se tocam e pelo qual até se penetram" (M, p. 246). Sublinhado desde a Antiguidade, em particular por Platão e Horácio, esse parentesco encontrou sua figura mais sublime no *Torquato Tasso* de Goethe. O gênio e a loucura têm em comum certa "desrazão", pois ambos se emancipam do princípio de razão suficiente. Donde o risco de loucura que o artista genial corre e, inversamente, a impressão que nos dão certos alienados, em quem "o gênio se manifesta, indubitavelmente, através da loucura" (M, p. 247). Mais difícil de explicar é a "semelhança" (*Ähnlichkeit*) que Schopenhauer encontra entre a infância e o gênio. "Na criança, com efeito, assim como no gênio, o sistema nervoso e cerebral tem uma predominância marcada, pois seu desenvolvimento precede em muito o do resto do organismo, de tal forma que, desde o sétimo ano, o cérebro atingiu seu pleno volume e toda a sua massa" (M, p. 1124). "Durante a infância, toda a nossa existência reside muito mais no conhecer do que no querer" (M, p. 1125). O que seria de se supor é o contrário e, de todo modo, se o gênio estético é a pura contemplação das Ideias, não se vê bem em que poderia consistir o da infância. Nota-se, por fim, que a palavra "gênio" é empregada por Schopenhauer num sentido muito diferente, sem qualquer relação com a contemplação estética das Ideias e sua reprodução artística. Trata-se do "gênio da espécie" (*Genius der Gattung*), do qual os amantes são o joguete, quando, acreditando garantir sua felicidade pessoal, na verdade apenas servem aos fins da espécie.

Idealismo

Al.: *Idealismus* – Fr.: *Idéalisme*

* O sistema de Schopenhauer é um idealismo, na medida em que ele considera o mundo como produto de minha representação, ou seja, de meu entendimento, ele mesmo regido pelo princípio de razão suficiente (espaço, tempo, causalidade). É uma tese enunciada como evidência indubitável e como garantia de probidade intelectual: "O verdadeiro filósofo tem de ser idealista; tem de sê-lo para ser honesto" (M, p. 673).

** Não se trata, contudo, de qualquer idealismo. Embora Berkeley "seja o pai do idealismo, base de toda verdadeira filosofia" (FHF, p. 88), "o verdadeiro idealismo [...] não é o idealismo empírico" de Berkeley, "mas o idealismo transcendental" de Kant (M, p. 677), cujo correlato é o "realismo empírico", que afirma a existência de uma "coisa em si", determinada como vontade no sistema de Schopenhauer, ao passo que o "fenômeno" kantiano ganha o nome de "representação". A exemplo de seu modelo, o idealismo schopenhaueriano é, portanto, um dualismo; mas, diferentemente de Kant, que a isso se dedica longamente[1], Schopenhauer considera inútil refutar o idealismo radical, aquele que nega a existência de toda realidade exterior ao sujeito, e que ele chama de "egoísmo teórico": "Nunca se conseguirá refutar o egoísmo teórico com provas; no entanto, ele foi utilizado em filosofia somente como sofisma céptico, jamais foi exposto como convicção. Como tal, só o encontraríamos numa casa de alienados; e, nesse caso, não é por meio de um raciocínio, mas de uma ducha que se deve refutá-lo" (M, p. 146). Deve ser tratado "como um pequeno forte de fronteira, que sem dúvida ninguém consegue tomar, mas do qual a guarnição tampouco consegue sair; por isso é que se passa por ele sem atacá-lo. Não há nenhum perigo em tê-lo pelas costas" (*ibid.*). Tampouco se deve perder tempo refutando as elucubrações dos "três sofistas", Fichte, Hegel e Schelling, adeptos do idealismo absoluto, uma impostura sem precedentes na história da filosofia. Hegel, para mencionar apenas ele, é um "Calibã intelectual" (M, p. 13), "um grosseiro charlatão" (FM, p. 47), "uma criatura ministerial" (EL, p. 141), e seus discípulos não passam de criados, abusados ou corruptos.

*** O idealismo schopenhaueriano não é menos problemático, na medida em que se inscreve deliberadamente num círculo epistemológico: "É igualmente verdadeiro dizer que o sujeito cognoscente é produto da matéria e dizer que a matéria é uma simples representação do sujeito cognoscente" (M, p. 682). "Na minha explicação, a existência do corpo sem dúvida supõe o mundo da representação, na medida em que como corpo ou objeto real ele só existe nesse mundo; e por outro lado, a representação pressupõe igualmente o corpo, já que ela só surge por meio de uma função desse corpo" (M, p. 988). É certo que o círculo não é efetivamente circular, nem a antinomia, equilibrada, pois a metafísica sempre leva vantagem. "A vontade é metafísica, o intelecto, físico" (M, p. 897). Mas o problema não está totalmente resolvido. Caberá falar, com Frauenstaedt, amigo e confidente de Schopenhauer, de um "idealismo materialista"? Os comentadores ficam divididos. Para uns, "o idealismo é tanto a primeira quanto a última palavra do *Mundo*[2]. Para outros, e a despeito de suas profissões de fé idealistas, acentuadas na segunda edição do *Mundo*, e de suas críticas acerbas ao materialismo contemporâneo, Schopenhauer seria profundamente realista, como demonstram a erudição e a paixão científicas de que ele dá provas em sua obra de 1836, *Sobre a Vontade na natureza*. Nela, contudo, o idealismo tampouco deixa de dar a última palavra: "Tendo os processos geológicos precedido toda vida sobre a terra [...] eles não tinham, por falta de qualquer sujeito, existência objetiva, ou seja, eles não existiam de forma alguma:

ora, o que significa então o "ter se dado" deles? Trata-se, no fundo, de mera hipótese. Se, naqueles tempos primitivos, tivesse existido uma consciência, tais processos teriam estado representados nela" (FC, pp. 79-80).

1. Kant, *Crítica da razão pura*, "Analítica dos princípios", Refutação do idealismo; e "Dialética transcendental", Paralogismo da idealidade.
2. Th. Ruyssen, *Schopenhauer*, Paris, Alcan, 1911, p. 151. Essa é também a opinião de Ribot.

Ideia

Al.: *Idee* – Fr.: *Idée*

* "A Ideia é a única objetidade imediata da Vontade" (M, p. 227, "*die alleinige unmittelbare Objektität des Willens*). Podemos considerar as Ideias "como atos isolados e simples em si da Vontade" (M, p. 204). Apesar de sua pluralidade – elas se dividem em Forças, Espécies e Caracteres inteligíveis –, as Ideias não pertencem ao Princípio de Individuação (espaço e tempo). Seu estatuto metafísico as opõe radicalmente aos "conceitos", ou "representações de representações", produzidos pela razão e, como tais, dependentes do princípio de razão suficiente.

** À tríade kantiana das Ideias da Razão (a Alma, o Mundo e Deus), destituídas de qualquer pretensão cognitiva na *Crítica da razão pura* ("Dialética transcendental"), Schopenhauer opõe sua própria tríade "ideal" (Força, Espécie, Caráter inteligível), investida, ao contrário, de um autêntico estatuto metafísico, comparável àquele que as Ideias possuem na filosofia do "divino Platão" (M, p. 5), em quem Schopenhauer se louva explicitamente. Sua tese consiste em reunir audaciosamente a Ideia platônica e a coisa em si kantiana: "A coisa em si de Kant e a Ideia de Platão [...] não são idênticas, mas estão ligadas por um estreito parentesco" (M, p. 221). À ilusão fenomênica opõe-se, portanto, a verdade da Vontade e das Ideias, que constituem suas objetidades nas três esferas do inorgânico (Forças), do orgânico (Espécies) e do humano (Caracteres inteligíveis).

*** A teoria schopenhaueriana das Ideias é duplamente problemática. Pode-se em primeiro lugar questionar a faculdade cognitiva capaz de apreender as Ideias, já que não se trata nem do entendimento nem da razão. Schopenhauer fala de um "puro conhecimento", de uma "contemplação" (*Kontemplation, Anschauung*), em que o sujeito individual "desaparece" (M, p. 231). Mas ignora-se qual seja o estatuto dessa misteriosa instância contemplativa. A solução acaba sendo estética: "Esse modo de conhecimento é a arte, é a obra do gênio. A arte reproduz as ideias eternas que ele concebeu (*aufgefasst*) por meio da contemplação pura" (M, p. 239). A natureza desta última continua sendo enigmática. A segunda dificuldade está relacionada com a diversidade das Ideias, pois a Vontade, em si mesma, é "estranha à pluralidade" (M, p. 175). Como explicar, então, que ela se pluralize em objetidades imediatas, se estas continuam independentes do Princípio de Individuação, que está na origem da diversidade fenomênica? "Indagamos, naturalmente, por que a Vontade passa, assim, da unidade para a multiplicidade; por que ela se objetiva em fenômenos inorgânicos, vitais, psicológicos"[1]. É um mistério, cuja explicação cabal não podemos fornecer.

1. Th. Ribot, *La philosophie de Schopenhauer*, Paris, Germer Baillière, 1874, p. 154.

Ilusão

Al.: *Wahn* – Fr.: *Illusion*

* A ilusão é a característica do mundo, enquanto representação fenomênica. Esta, submetida à jurisdição do princípio de razão suficiente (espaço, tempo, causalidade), opõe-se à realidade metafísica da coisa em si, ou Vontade, independente desse princípio.

** A ilusão pode ser considerada de três pontos de vista, que são também as três modalidades do princípio de razão suficiente. É a um só tempo espacial, temporal e causal. Libertar-se da ilusão fenomênica exige, portanto, livrar-se do princípio de razão, para alcançar, por uma experiência íntima, a coisa em si, ou seja, minha vontade, que em seguida se estenderá à totalidade do mundo, a Vontade, incondicionada (*grundlos*, independente do princípio de razão em geral), una (independente da diversidade espacial), indestrutível (independente da temporalidade) e livre (independente da determinação causal). Pode-se também considerar a ilusão fenomênica como o ponto comum das três doutrinas em que Schopenhauer afirma ter buscado a inspiração de seu "Pensamento Único": a de Platão, que considera o universo sensível o lugar da aparência, por oposição às Ideias do mundo inteligível; a dos *Vedas* (o "véu de Maya"); a de Kant, por fim, caso se aceite reduzir o fenômeno (*Erscheinung*) a uma aparência (*Schein*). Como quer que seja, a representação é apenas um "encantamento" (*Zauber*), uma "aparência inconsistente, inessencial" (*ein bestandloser, an sich wesenloser Schein*), um "sonho" (*Traum*), um "véu" (*Schleier*), uma "fantasmagoria" (*Phantasmagorie*).

*** A diferença com a doutrina kantiana é evidente. Kant nunca pretendeu que o mundo fenomênico fosse ilusório, muito pelo contrário. Ele recorre às noções de ilusão (*Illusion*) e de aparência (*Schein*) para denunciar as pretensões da razão metafísica, isto é, da psicologia racional (Ideia da Alma), da cosmologia racional (Ideia do Mundo) e da teologia racional (Ideia de Deus). Essa ilusão é inerente à Razão, que portanto deve se submeter a seu próprio tribunal. Não é isso o que pensa Schopenhauer, que limita a ilusão e a aparência à esfera representativa, produto do entendimento, isto é, do cérebro. Convém mencionar outra forma da ilusão, que não parece redutível ao mundo fenomênico, ainda que nele se inscreva. Trata-se da sexualidade ou, mais exatamente, do "amor sexual" (*Geschlechtsliebe*). É, na verdade, o "gênio da espécie" que logra os amantes por ocasião da escolha amorosa: "Nesse estado de coisas, a natureza só pode atingir seu objetivo fazendo nascer no indivíduo uma certa ilusão (*Wahn*), por meio da qual ele vê como uma vantagem pessoal o que, na realidade, só é vantajoso para a espécie, de tal modo que é para a espécie que ele trabalha quando se imagina (*wähnt*) trabalhando para si próprio; apenas segue uma quimera que volteia diante de seus olhos, fadada a desaparecer logo em seguida e que faz as vezes de um motivo real. Essa ilusão é o instinto" (*Dieser Wahn ist der Instinkt*) (M, p. 1293). Ora, a espécie é uma Ideia, ou seja, uma objetidade imediata da Vontade, independente do princípio de razão suficiente. Teríamos, então, aí uma verdadeira astúcia metafísica, bastante misteriosa, aliás, na medida em que é difícil entender por que a espécie, em si mesma eterna, precisaria usar de ardis e nos enganar para se perpetuar.

Indestrutibilidade

Al.: *Unzerstörbarkeit* – Fr.: *Indestructibilité*

* A indestrutibilidade é, junto com a incondicionalidade, a unidade e a liberdade, um dos atributos da Vontade. A morte não passa de uma ilusão fenomênica. Ela põe fim à vida (*Leben*), mas não à existência (*Dasein*), pois, longe de nos aniquilar, ela nos devolve ao nosso "estado original" (R, p. 146), o da coisa em si.

** A indestrutibilidade da Vontade substitui o velho dogma da imortalidade da alma. "O erro de todos os filósofos foi situar no intelecto o princípio metafísico, indestrutível e eterno do homem: ele reside exclusivamente na vontade, completamente diferente do intelecto e a única que é primitiva" (M, p. 1243). "Na verdade, o nascimento constante de novos seres e o desaparecimento constante dos seres existentes devem ser vistos como uma ilusão" (R, p. 141), produzida pelo princípio de razão suficiente. Nosso medo de morrer é apenas consequência de tal ilusão, de que podemos nos livrar considerando que a morte é sempre apenas uma modalidade da excreção, ou melhor, que esta última é apenas um "diminutivo da morte" (M, p. 353), com que não nos afligimos.

*** Eu sou tudo, em toda parte, em todos os tempos. "Um tempo infinito transcorreu antes de meu nascimento: que era eu, então, durante todo esse tempo? A metafísica poderia fornecer essa resposta: sempre fui eu, ou seja, todos aqueles que então diziam *eu*, todos eles eram eu" (M, p. 1208). "Por isso podemos supor que se, por mais impossível que isso seja, um único ser, ainda que o mais humilde deles, viesse a ser totalmente aniquilado, o mundo inteiro deveria desaparecer" (M, p. 174). "Eis-nos então conduzidos […] a uma espécie de metempsicose, mas com a importante diferença de que nossa metempsicose atinge não a alma inteira, ou seja, o ser cognoscente, mas apenas a vontade, o que suprime tantas tolices associadas à transmigração das almas" (M, p. 1251). Metempsicose ou, mais exatamente, "palingenesia", imutabilidade da vontade através de suas formas fenomênicas, uma "convicção" que Schopenhauer opõe às "três pretensas ideias kantianas" (a Alma, o Mundo e Deus), como "um princípio filosófico natural da razão humana" (M, p. 1255).

Judaísmo
Al.: *Judentum* – Fr.: *Judaïsme*

* O judaísmo é a religião do povo judeu, tal como está expressa, na origem e na sua essência, no *Antigo Testamento*. Schopenhauer o eleva à dignidade de verdadeira categoria filosófica, que reúne três determinações fundamentais: o realismo, o monoteísmo e o otimismo, aos quais contrapõe o idealismo, o ateísmo e o pessimismo, pilares de sua própria doutrina.

** O judaísmo é um dos adversários preferidos de Schopenhauer. Paradoxalmente, essa hostilidade filosófica é um modo de prestar homenagem a uma religião que não se limitou a esse "pequeno povo isolado, teimoso, governado sacerdotalmente, isto é, pela loucura" (*Wahn*) (M, p. 298). Com efeito, ela influenciou, contaminou todo o pensamento ocidental, como mostra, por exemplo, a moral de Kant, cujo imperativo categórico não passa de um sucedâneo do "Deves" mosaico. Schopenhauer detecta esse contágio em toda parte: "Fico às vezes assustado quando, ao sair de meus estudos orientais, pego os escritos das mais belas inteligências dos séculos XVI e XVII e constato o quanto estão paralisadas em todo lugar e totalmente travadas pela ideia fundamental judaica" (R, pp. 38-9). Convém, no entanto, sublinhar que essa aversão é sobretudo e essencialmente filosófica. Schopenhauer imputa ao judaísmo três pecados principais: 1 – o realismo, ao qual opõe seu idealismo transcendental, herdado de Kant; 2 – o monoteísmo, ao qual opõe seu ateísmo, já que a instância metafísica de sua doutrina não é Deus, mas a Vontade; 3 – o "otimismo raso" (M, p. 325), ao qual opõe seu pessimismo decidido; e, acessoriamente, a hostilidade ao mundo animal: "Esperemos estar num tempo em que a concepção judaica da natureza, ao menos no que concerne aos animais, encontre seu fim na Europa" (R, p. 94). Portanto, não é de espantar que o único texto que lhe agrade seja o relato da Queda, "é inclusive o único que me reconcilia com o *Antigo Testamento*" (M, p. 1343). "Pois, abstração feita ao pecado original, verdadeiro *hors-d'oeuvre* (em francês no texto) no *Antigo Testamento*, o espírito do *Antigo Testamento* é diametralmente oposto ao do *Novo*: aquele, otimista, este, pessimista" (M, p. 1391). Desde o começo do *Gênese*, com efeito, o judaísmo manifesta seu otimismo na satisfação beata de seu Deus criador: esse *"panta kala lian"* – citado por Schopenhauer na tradução grega dos Setenta, "*alles war sehr gut*", "tudo era muito bom" (M, pp. 1390 e 1394) – não passa de um embuste, desmentido a todo instante pelo sofrimento universal.

*** Convém distinguir esse antijudaísmo filosófico do antissemitismo aflitivo, ao qual Schopenhauer se entrega às vezes, sobretudo em suas últimas obras, em que denuncia, em termos odiosos, o *"foetor judaicus"*, o fedor judeu (FM, pp. 156 e 165), que empesteia todo o Ocidente. Esse antissemitismo deve, contudo, ser temperado. Schopenhauer convém que "os conhecidos defeitos dos judeus, inerentes a seu caráter nacional, talvez sejam sobretudo imputáveis à longa e injusta opressão que sofreram" (EDP, p. 110-11). "Gozarem dos mesmos direitos civis que os outros, é algo que a equidade exige" (*ibid.*). Mas não lhes devem ser concedidos direitos políticos, porque "são e continuam sendo um povo estrangeiro" (EDP, p. 112). Não se pode, em contrapartida, taxar de racismo sistemático um autor que afirma, por exemplo, que o negro é "a verdadeira cor natural e particular da raça humana". "O Adão de nossa raça deve, consequentemente, ser concebido como negro, e é risível ver representarem esse primeiro homem como branco, cor produzida pela descoloração. Tendo o criado à sua imagem e semelhança, Jeová também deve ser representado pelos artistas como negro" (FC, pp. 101 e 103).

Kantismo

Al.: *Kantismus* – Fr.: *Kantisme*

* Filosofia "crítica", exposta por Kant em suas três obras fundamentais: *Crítica da razão pura* (1781, 1787); *Crítica da razão prática* (1788); *Crítica da faculdade de julgar* (1791). Schopenhauer se considera o verdadeiro herdeiro dessa doutrina, em oposição aos outros pós-kantianos, Fichte, Hegel e Schelling; mas, basicamente, ele conserva apenas o idealismo transcendental da primeira *Crítica*.

** Schopenhauer sempre prestou homenagem a Kant, de quem se proclama "o audacioso continuador" (VN, p. 45), fórmula que exprime bem a filiação ambígua entre os dois sistemas. Por muito tempo desconhecido de seus contemporâneos, não cessou de associar seu nome ao de Kant, embora se mostrasse severo em relação a ele, como atesta, desde 1819, o longo "Apêndice", "Crítica da filosofia kantiana" (M, pp. 519 a 668). Apesar de graves discordâncias, momentos em que Schopenhauer sabe se mostrar sarcástico, e até insultante, essa aliança é constantemente reivindicada. Não é por acaso que, nesse "período de deslealdade", "ambos somos maus" (VN, p. 46). "Ódio de Kant, ódio de mim, ódio da verdade" (VN, p. 55). "Foi Kant que introduziu a seriedade na filosofia e sou eu que a mantenho" (VN, p. 52). Essa seriedade é o idealismo transcendental. Kant praticou em nós a "operação de catarata" (M, p. 4), livrando-nos assim de nossa cegueira realista. Por isso "a filosofia de Kant é a única com a qual é estritamente necessário estar familiarizado para ouvir o que tenho a expor" (M, p. 5), pois "aquele que não assimilou a doutrina de Kant, seja, por outro lado, qual for sua prática da filosofia, encontra-se ainda numa espécie de inocência primitiva; ele não saiu desse realismo ingênuo e infantil que todos trazemos conosco ao nascer; ele pode servir para tudo, menos para filosofar" (M, p. 16). "Por isso, desse ponto de vista, o mais sábio seria começar lendo o 'Apêndice'" (M, p. 5), ou seja, a apresentação e a crítica sistemáticas dos escritos de Kant, propedêutica ideal para a leitura do *Mundo*.

*** "O maior mérito de Kant foi ter distinguido o fenômeno da coisa em si" (M, p. 522). Ele tem ainda outro mérito, a distinção dos dois caracteres, inteligível e empírico. Estes são "os dois diamantes" da coroa kantiana. Mas o ditirambo não esconde as discordâncias. 1 – Na segunda edição da *Crítica da razão pura* (1787), Kant "mutilou" e "estragou" seu idealismo (M, p. 855). Apenas a primeira edição não é "castrada" (FHF, p. 117), e uma das primeiras satisfações de Schopenhauer na sua carreira filosófica foi conseguir que Rosenkranz editasse conjuntamente os textos das duas edições. Seja como for, esse idealismo deve ser aprofundado. A coisa em si se torna a Vontade, agora cognoscível por meio de uma experiência metafísica íntima, que em seguida será estendida ao conjunto do mundo, orgânico ou não. Quanto ao fenômeno, ele ganha o nome de "representação", submetida ao princípio de razão suficiente, constituído de três instâncias, o espaço, o tempo e a causalidade, que Kant tomara o cuidado de dissociar (as doze categorias da primeira *Crítica* ficam, ao mesmo tempo, reduzidas a uma só). Mas, sobretudo, Schopenhauer faz o idealismo transcendental sofrer uma dupla transformação: o entendimento (*Verstand*) é identificado ao cérebro (*Gehirn*), enquanto o fenômeno (*Erscheinung*) é assimilado a uma aparência (*Schein*). O mesmo ocorre na esfera metafísica. Kant sem dúvida mereceu um lugar na filosofia ao destituir a razão de qualquer pretensão teórica. "De fato, a *Crítica da razão pura* não admite que se faça a mitologia judaica passar por filosofia" (M, p. 1346). Mas sua crítica não é suficientemente radical. "Toda a série das antinomias é apenas uma finta, um simulacro de conflito. [...] Em cada uma das quatro antinomias, a demonstração da tese é um sofisma" (M, pp. 620-1[1]). Quanto às ideias da Alma e de Deus, elas não passam de frivolidades, destinadas a preparar a reintrodução sub-reptícia da metafísica no uso prático da razão. 2 – A crítica é mais cortante ainda no terreno ético. A razão não é o fundamento da moral. Hume já o disse e é preciso repetir. A despeito de suas boas intenções, Kant continuou sendo um teólogo, um teólogo judeu[2], na medida em que seu "imperativo categórico" ("Tu deves") não passa de um vulgar avatar da lei mosaica, um

"*Deus ex machina* [...] o resultado de um ergotismo conceitual" (VN, p. 197), que no entanto merece mais que um simples sarcasmo, já que Schopenhauer lhe dedica o mais longo capítulo de sua segunda dissertação, *O fundamento da moral*, II, "Crítica do fundamento da moral proposto por Kant" (pp. 12-91). 3 – A terceira *Crítica* não é objeto de um comentário tão extenso. Kant, "que permaneceu bastante alheio à arte, e que, ao que tudo indica, era pouco afeito a sentir o belo e sem dúvida nunca teve a oportunidade de ver uma obra de arte digna desse nome" (M, p. 662), associou desastradamente, sob o signo da finalidade e do juízo reflexionante, estética e teleologia. "Daí resulta essa união barroca entre o conhecimento do belo e o da finalidade dos corpos, numa faculdade de conhecer que ele chama juízo" (M, pp. 664-5). É verdade que a contemplação estética é "desinteressada", mas "a parte da *Crítica da faculdade de julgar* que é de longe a melhor é a teoria do sublime" (M, p. 665), com a condição de purgá-la de suas "reflexões morais" (M, p. 264). Quanto à sua teleologia, ela acaba por se reduzir a uma tese bem simples: "Embora os corpos organizados nos apareçam necessariamente submetidos, em sua estrutura, a um conceito prévio de finalidade, nada nos autoriza a conceber essa finalidade como objetiva" (M, p. 665), e, para estabelecê-la, não havia nenhuma necessidade de todas essas "fantasias arquitetônicas" (*ibid.*), que Kant tem mania de usar.

1. Comparar com o juízo de Hegel: "A ideia de que a contradição introduzida no racional [...] é essencial e necessária deve ser considerada um dos mais importantes e mais profundos avanços da filosofia dos tempos modernos." *Enciclopédia das ciências filosóficas*, "Conceito Preliminar", § 48.
2. Hegel desenvolve a mesma crítica em seus *Écrits théologiques de jeunesse*. "Kantismo e judaísmo são idênticos, com a única diferença de que o mestre é exterior num e interior no outro." J. Wahl, *Le Malheur de la conscience dans la philosophie de Hegel*, Paris, PUF, 1929, pp. 54-5.

Liberdade

Al.: *Freiheit* – Fr.: *Liberté*

* A liberdade é um dos atributos da Vontade. Designa a suspensão do princípio de razão suficiente do ponto de vista da causalidade. Todos os seres são metafisicamente livres, na medida em que participam da Vontade, e fisicamente determinados, na esfera da representação. Esse dualismo também se encontra na distinção entre os dois caracteres, inteligível (livre) e empírico (determinado), herdados de Kant.

** Que o homem, enquanto fenômeno, seja determinado é algo que não se discute. "Podes, é verdade, fazer o que quiseres: mas em cada momento determinado de tua existência, podes querer apenas uma coisa precisa e só uma, com exclusão de todas as demais" (EL, p. 52). "Posso, se quiser, dar aos pobres tudo o que possuo e tornar-me pobre – se eu quiser! – mas não está em meu poder querê-lo, porque os motivos opostos têm sobre mim força demais" (EL, p. 82). Pode-se, é certo, distinguir diversos modos de determinação, da causa (*Ursache*), que rege o mundo inorgânico, até a motivação (*Motivation*), "particular ao reino animal" (EL, p. 63), passando pela excitação (*Reiz*), "caráter distintivo das plantas" (*ibid.*). Cabe igualmente, no nível superior, distinguir os motivos sensíveis, a que todos os animais estão submetidos, inclusive o homem, e os motivos racionais, específicos da humanidade; mas essas distinções em nada diminuem a necessidade. Se, no entanto, for suspensa a jurisdição do princípio de razão suficiente, e se passar para o lado da Vontade, em si mesma incondicionada (*grundlos*), todos os seres, seja qual for o reino a que pertençam, são igualmente livres. Nem a liberdade declina quanto mais nos afastamos do homem, nem a causalidade o faz quanto mais nos elevamos em sua direção.

*** Duas consequências decorrem disso. A primeira pode ser resumida na fórmula escolástica: "*operari sequitur esse* (cada ser age conforme a sua essência)" (EL, p. 102). Mas convém interpretá-la corretamente. "É um erro fundamental [...] atribuir a necessidade ao Ser e a liberdade à ação: o contrário é que é verdadeiro; no Ser exclusivamente reside a liberdade, mas do *Esse* e dos motivos o *Operari* resulta necessariamente, e é por meio do que fazemos que reconhecemos o que somos" (EL, p. 162). "Limitei-me a interverter os lugares: a liberdade foi transportada para o *Esse* e a necessidade foi limitada ao *Operari*" (M, p. 1042). A segunda condensa-se, por sua vez, numa fórmula latina, tomada de Sêneca: *velle non discitur*, querer não se ensina. "Sêneca diz excelsamente: *velle non discitur*, preferindo aqui a verdade a seus amigos estoicos; estes ensinavam que a virtude pode ser aprendida" (M, p. 374). A dupla determinação, essencial pelo Ser e fenomênica pelos motivos, torna ilusória qualquer pedagogia moral. Por isso Schopenhauer só atribui à sanção um valor preventivo, o medo do castigo pode constituir um motivo dissuasivo.

Loucura

Al.: *Wahnsinn* – Fr.: *Folie*

* A loucura é, essencialmente, um distúrbio da memória. Esta não é abolida, mas partida, mutilada, lacunar, e esses vazios são preenchidos por meio de "ficções" (*Fiktionen*).

** A originalidade de Schopenhauer está na sua análise das causas da loucura, originalmente provocada por um excesso de sofrimento moral. Se este se torna insuportável, "então a natureza, tomada de angústia, recorre à loucura como último recurso; o espírito torturado rompe, por assim dizer, o fio de sua memória, ele preenche as lacunas com ficções; busca refúgio na demência contra a dor moral que supera suas forças; é como quando se amputa um membro gangrenado e ele é substituído por um membro artificial" (M, p. 249).

*** Essa etiologia da loucura inspirou um comentário particularmente elogioso de Freud: "A doutrina do recalcamento ocorreu-me sem dúvida nenhuma independentemente de qualquer outra fonte. Não sei de nenhuma impressão externa que me pudesse tê-la sugerido. Por isso considerei minha ideia original até o dia em que O. Rank me mostrou, em *O mundo como vontade e representação*, a passagem na qual o filósofo procura explicar a loucura. [...] O que Schopenhauer diz, no texto que Rank me mostrou, sobre a maneira como nos retesamos para recusar a admitir uma realidade dolorosa, coincide rigorosamente com minha teoria do recalcamento. Devo mais uma vez a originalidade de minha doutrina ao fato de ser uma pessoa tão pouco lida." O texto indicado por Rank é o capítulo XXXII dos "Suplementos" ao *Mundo*, intitulado "Sobre a loucura" (*Über den Wahnsinn*). "Nessa repugnância (*Widerstreben* = resistência) da vontade a deixar vir o que lhe é contrário à luz do intelecto é que está a brecha pela qual a loucura pode irromper no espírito" (M, pp. 1131-2). A adesão freudiana espanta, contudo. Na verdade, qual é a instância "recalcadora" em Schopenhauer? A vontade, ao que tudo indica. Mas "como a vontade cega pode *saber* quais são as representações que deve afastar?[1]" E será que essa pergunta faz algum sentido? Freud, em contrapartida, certamente concordaria sem reservas com a proposição inicial desse capítulo XXXII: "A verdadeira saúde do espírito consiste na perfeição da reminiscência" (M, p. 1130).

1. M. A. Pernin, *Schopenhauer. Le déchiffrement de l'énigme du monde*, Paris, Bordas, 1992, p. 102.

Matéria

Al.: *Materie* – Fr.: *Matière*

* A matéria é a reunião do espaço e do tempo, e, nesse sentido, "sinônimo de atividade" (M, p. 36) e de causalidade: "De ponta a ponta, a matéria é apenas causalidade" (QR, p. 219). "Pura abstração" (M, p. 1023), "ela é a forma intelectual da própria causalidade, forma vinculada às de espaço e de tempo" e, portanto, "condição da experiência, como o próprio entendimento puro, do qual ela é, nessa medida, função" (M, p. 1024).

** Identificada com a causalidade, ela mesma definida como categoria espaçotemporal, a matéria participa do princípio de razão suficiente e, por isso, está destituída de qualquer estatuto metafísico. Não é uma Ideia ou "objetidade imediata da vontade", como o peso ou a impenetrabilidade. Menos ainda pode almejar ao estatuto de coisa em si. O núcleo derradeiro do mundo não é a matéria, mas a Vontade. Ao final de um vivo diálogo em que se enfrentam "O Sujeito" e "A Matéria", cada um se proclamando a verdade do outro, ambos os protagonistas compreendem que estão do mesmo lado (fenomênico) da realidade e, portanto, são literalmente aliados: "Os dois – Estamos, portanto, indissoluvelmente ligados, como as partes necessárias de um todo, que nos abraça e que só existe por meio de nós. Somente um mal-entendido pode nos opor, um contra o outro, e levar à ideia de que a existência de um está em luta com a existência do outro, quando, na verdade, essas duas existências se harmonizam e formam apenas uma." E Schopenhauer conclui: "Esse todo que abraça esses dois termos é o mundo como representação, ou o fenômeno. Suprimidos esses dois termos, resta apenas o ser metafísico puro, a coisa em si" (M, pp. 688 e 689), isto é, a Vontade.

*** Compreende-se, então, por que Schopenhauer se insurge com virulência contra toda forma de materialismo, entendido como princípio explicativo último. Ele não vai ao essencial, ele fica, por definição (a da matéria), na superfície fenomênica. Feuerbach, Büchner, Moleschott são violentamente recusados (Carta a Frauenstaedt de 29 de junho de 1855). "O materialismo hoje em voga (não passa de uma) filosofia de cabeleireiros e de aprendizes de farmacêutico. Na sua inocência, ele vê a coisa em si na matéria, que toma impensadamente como coisa absolutamente real" (M, pp. 871-2). A mesma crítica vale para o atomismo, "uma ideia fixa dos sábios franceses" (Ampère, por exemplo), "um absurdo revoltante", "consequência do estado atrasado em que permaneceu a metafísica deles, tão negligenciada no seu país, pois, mesmo com toda a boa vontade do mundo, a pouca profundidade e a pobreza de julgamento de V. Cousin não a representam muito dignamente" (M, p. 1019).

Metafísica

Al.: *Metaphysik* – Fr.: *Métaphysique*

* A metafísica é, essencialmente, o conhecimento da coisa em si. À representação, produto do entendimento e submetida ao princípio de razão suficiente, opõe-se a experiência metafísica de minha vontade, logo estendida ao conjunto do mundo. "A vontade é metafísica, o intelecto, físico" (M, p. 897).

** Kant, na "Dialética transcendental" de sua primeira *Crítica*, destituiu legitimamente a razão de qualquer pretensão metafísica. Mas cometeu dois erros, ao decretar, por um lado, que a coisa em si era radicalmente impossível de conhecer, e ao postular, por outro, que a ideia de uma metafísica empírica era contraditória. "Kant cometeu uma verdadeira petição de princípio [...] quando afirmou que a metafísica não pode ir buscar na experiência seus conceitos e seus princípios fundamentais" (M, p. 876). "Em apoio a essa afirmação capital, Kant não fornece nenhuma outra razão além do argumento etimológico tirado da palavra *metafísica*" (M, p. 535). Ora, a coisa em si é cognoscível, como prova a experiência de minha vontade. Em oposição à tradição filosófica que, de Platão a Descartes, pretende alcançar uma realidade transcendente (a Ideia do Bem, Deus etc.) por meio de uma instância cognitiva de alto voo (geralmente a Razão), Schopenhauer funda sua metafísica num procedimento inverso, que, longe de "se refugiar do lado das ideias"[1], penetra, ao contrário, no coração da experiência para alcançar seu núcleo mais íntimo. "O dever da metafísica não é passar por cima da experiência (*die Erfahrung zu überfliegen*), que é no que consiste o mundo, mas, ao contrário, conseguir compreendê-la a fundo" (*sie von Grund aus zu verstehen*) (M, p. 536). Esse é "o procedimento mais original e mais importante de minha filosofia" (M, p. 885), uma "via subterrânea" (M, p. 890), que conduz ao centro da "fortaleza" (*ibid.*): "o conhecimento que cada qual tem de seu próprio querer" (M, p. 891). Essa experiência será em seguida estendida ao conjunto do mundo por uma espécie de indução cosmológica: se sou simultaneamente representação e vontade, o mesmo deve ocorrer com todos os outros fenômenos, aos quais a vontade se acha, portanto, "analogicamente transferida" (*analogisch übertragen*) (FHF, p. 111).

*** Essa revolução metafísica suscita duas questões principais: 1 - Caso se trate de um conhecimento, qual é a instância cognitiva, já que não pode se tratar nem do entendimento nem da razão, igualmente submetidos ao princípio de razão suficiente? Essa dificuldade, já assinalada por Ruyssen, foi fortemente sublinhada por Guéroult. "Ou, aplicando-se à vontade, o intelecto só nos fornecerá dela, tal como das coisas exteriores, uma representação fenomênica; nesse caso, não podemos ter nessa consciência reflexionante nada que se pareça com um conhecimento íntimo, imediato da coisa em si. Ou então temos efetivamente um conhecimento desse tipo, e então a faculdade que no-lo proporciona deve ser muito diferente do intelecto representativo. Schopenhauer se recusa a escolher entre ambas as teses; propõe uma e outra simultaneamente"[2]. Podemos dizer, com Schopenhauer, que é "a própria coisa em si" que "toma consciência de si própria" (M, p. 891)? "Nesse caso, cairíamos num paradoxo desconcertante: a vontade, a coisa a conhecer, que não é uma faculdade de conhecer, poderia, contudo, conhecer-se a si própria"[3]. 2 - Terei efetivamente o direito de operar a transferência analógica de minha vontade para o conjunto dos fenômenos, até mesmo os inorgânicos? Toda indução obedece a condições lógicas que não parecem estar reunidas aqui, e que, de todo modo, dependem da razão, à qual Schopenhauer recusa qualquer vocação metafísica. Seja como for, a metafísica não é apenas uma experiência, ela também se apresenta como uma "decifração" (*Entzifferung*) e uma "interpretação" (*Deutung*). "Nesse sentido, portanto, a metafísica extrapola o fenômeno, ou seja, a natureza, para alcançar o que está oculto nela ou por trás dela" (*das in oder hinter ihr Verborgene*) (M, p. 879). O emprego desses dois termos, o segundo dos quais teve um destino que todos conhecem, impressionou alguns comentadores um pouco zelosos demais. Quanto a isso, é exagero afirmar que Schopenhauer "prefigura todas as filosofias de tipo *genealógico* (Nietzsche, Freud, Marx)"[4]. A metáfora da decifração nada tem de original. Está presente tanto em Descartes como em Leibniz, e toda a filosofia pré-clássica já recorria a ela[5]. Quanto à interpretação, a associação com Freud é abusiva, e não foi, aliás, em relação a esse ponto que o fundador da psicanálise prestou homenagem a seu precursor. Em Freud, a "*Deutung*" é uma técnica científica e sutil, como comprova a leitura da *Interpretação dos sonhos*. Em Schopenhauer, ela é apenas uma ferramenta hermenêutica bastante frágil, já que se atribui a toda representação esta verdade invariável: a Vontade ou, a rigor, uma de suas objetidades imediatas, as Ideias. Donde certa monotonia metafísica, que contrasta com a riqueza e o refinamento da boa psicanálise.

1. *"Eis tous logous katapheugein"*. Platão, *Fédon*, 99e.
2. M. Guéroult, "Schopenhauer et Fichte", Publications de la Faculté des Lettres de Strasbourg, Mélanges, 1945, IV, *Études Philosophiques*, p. 115.
3. M. Guéroult, *art. cit.*, p. 116.
4. Rosset, *Schopenhauer*, Paris, PUF, 1968, p. 23.
5. Descartes, *Principes*, IV, § 205 [*Princípios de filosofia,* Hemus, 2007]; Leibniz, *Nouveaux Essais sur l'entendement humain*, IV, 12. Sobre a questão da "decifração", ver M. Foucault, *Les Mots et les Choses*, Paris, Gallimard, 1966, p. 55-6 [*As palavras e as coisas,* Martins, 2007], e F. Jacob, *Logique du vivant*, Paris, Gallimard, 1970, pp. 37-41 [*A lógica da vida*, Graal, 2001.].

Moral

Al.: *Moral* – Fr.: *Morale*

* O próprio da ação moral é "ter em vista a vantagem e o proveito de um *outro*" (FM, p. 117). "Ora, para que minha ação seja feita unicamente tendo em vista um outro, é preciso que o bem desse outro seja para mim, diretamente, um motivo, tal como o meu bem o é para mim comumente" (*ibid.*). A moral supõe, portanto, um "meio" mediante o qual me identifico com o outro. Ora, esse meio existe, é a compaixão, e só ela. Logo, a compaixão é o fundamento da moral.

** Portanto, Schopenhauer renega, com estardalhaço e em termos violentamente polêmicos, o ensino de Kant, no qual, por outro lado, se louva. É certo que Kant, na "Dialética transcendental" da *Crítica da razão pura*, acabou definitivamente com a teologia especulativa, privando ao mesmo tempo a ética de seu fundamento tradicional; e ele "fez jus à moral num ponto: purificou-a de toda preocupação com a felicidade e de todo eudemonismo" (FM, p. 12). Mas continuou teólogo. Sua filosofia prática é "puro disfarce da moral teológica" (FM, p. 93). Schopenhauer detecta esse vício teológico no imperativo categórico: "Esse conceito, com todos os conceitos vizinhos, de lei, mandamento, necessidade moral e outros [...] foi tomado da moral teológica e, na moral filosófica, não passa de um estrangeiro" (FM, p. 18). "A noção de dever, a forma imperativa adotada pela moral, pertencem tão somente à moral teológica" (FM, p. 103) e, mais precisamente, mosaica (FM, pp. 18 e 20). Logo, a doutrina kantiana é apenas um avatar do Decálogo, suprema condenação, no entender de Schopenhauer, para quem o antijudaísmo é uma necessidade filosófica. Destituída a razão de qualquer pretensão ética – é essa a verdadeira "crítica da razão prática" –, deve-se buscar o verdadeiro "fundamento da moral", que tem de ser a compaixão, "único princípio real de toda justiça espontânea e de toda verdadeira caridade" (FM, p. 118).

*** Essa dedução da compaixão como fundamento da moral é apenas uma introdução, uma iniciação à ética final de Schopenhauer. A experiência da compaixão possui, de fato, um valor metafísico, na medida em que ela me revela a identidade essencial de todos os seres, outrem, os animais – de que Schopenhauer fala com paixão em suas últimas obras, outra oportunidade de estigmatizar o judaísmo e todos os monoteísmos, carrascos da animalidade –, mas também os objetos do mundo inorgânico. Ela me ensina o altruísmo, o amor pelos animais, mas também, e mais profundamente, a renúncia, a negação da minha vontade, que, depois de ter se afirmado por tempo demais e com excessiva violência, deve finalmente se abolir na abstinência e na resignação.

Morte
Al.: *Tod* – Fr.: *Mort*

* A morte é apenas uma ilusão fenomênica, já que o indivíduo que ela afeta é, ele também, apenas uma aparência, devida ao princípio de individuação (espaço e tempo). Considerado em sua verdade metafísica, nosso ser em si é indestrutível.

** Como explicar, então, nosso medo da morte? Pela ignorância de nossa verdadeira natureza. Para conjurar esse pavor, Schopenhauer multiplica os argumentos: 1 – Por que se inquietar com o "depois", se não nos preocupamos com o "antes"? "Se o aspecto assustador sob o qual nos aparece a morte se devesse à ideia do não-ser, deveríamos sentir o mesmo terror ante o pensamento do tempo em que ainda não éramos. Pois, é incontestável que o não-ser de depois da morte não pode diferir daquele de antes do nascimento; portanto, não merece provocar nossas queixas. Uma infinidade de tempo transcorreu em que ainda não éramos, e não há nisso nada que nos aflija" (M, p. 1207). 2 – A morte "final" foi precedida de uma infinidade de "pequenas mortes", que são o preço cotidiano que se paga pela vida: "As excreções, as perdas de substância que se dão pela respiração e de outros modos são apenas um diminutivo da morte, correlato da geração. Pois bem, se nos contentamos em conservar nossa forma sem fazer o luto da matéria que abandonamos, devemos fazer o mesmo quando a morte vem nos impor um abandono mais extenso, total até, mas em tudo semelhante àquele que sofremos todos os dias, a cada hora, pela mera excreção. Diante de um ficamos indiferentes; por que recuar com horror diante do outro?" (M, p. 353). 3 – O sono é uma morte cotidiana, que no entanto aceitamos sem reclamar. Ora, "do sono profundo à morte, além de que a passagem por vezes se dá imperceptivelmente, como quando se morre de frio (*Erfrieren*), a diferença, enquanto dura o sono, é absolutamente nula; [a diferença] só se nota considerando o futuro, pela possibilidade do despertar. A morte é um sono, em que a individualidade se esquece; todo o resto do ser terá seu despertar, ou melhor, ele não cessou de estar desperto" (M, p. 353). "Deveríamos encarar nossa vida como um empréstimo feito pela morte; o sono seria, então, o juro diário deste" (R, p. 150).

*** Se nos alçamos a considerações mais metafísicas, das quais as precedentes não passam da propedêutica, descobrimos que a morte é apenas uma ilusão fenomênica, com a qual o indivíduo não teria por que se assustar: ela "pode até pôr fim à vida (*Leben*), mas não à sua existência (*Dasein*)" (R, p. 142). Ao contrário, ela a devolve ao seu "estado original", "o estado da coisa em si, por oposição ao fenômeno" (R, p. 146). Dirão que essa eternidade anônima e inconsciente não pode nos satisfazer? A objeção prova que continuamos vítimas da ilusão fenomênica. "Por que me inquietar com a perda dessa individualidade, eu que trago em mim mesmo a possibilidade de incontáveis individualidades?" (M, p. 1238). "Se reconhecêssemos a fundo, em sua mais íntima essência, nosso próprio ser, acharíamos ridículo reclamar a imortalidade do indivíduo. Pois isso seria abandonar esse ser em troca de apenas uma de suas manifestações, ou fulgurações" (R, p. 148). Schopenhauer tampouco exclui a "solução" do suicídio, "um ato inútil e insensato" (M, p. 358), que nada mais é senão a derradeira expressão do querer-viver, desesperado, não resignado, e, portanto, a derradeira vítima da ilusão fenomênica. A verdadeira salvação é a negação da vontade, sua "eutanásia" (M, p. 1411), cujas modalidades efetivas na vida fenomênica são a abstinência e a resignação, o acesso à sabedoria metafísica.

Motivação

Al.: *Motivation* – Fr.: *Motivation*

* A motivação é a terceira forma da causalidade. Ela "é particular do mundo animal" (EL, p. 63), que compreende a humanidade. À simples "receptividade das excitações" soma-se, agora, a dos "motivos" (*Motive*), "isto é, uma faculdade de representação, um intelecto, que oferece inúmeros graus de perfeição, e se apresenta materialmente na forma de um sistema nervoso e de um cérebro, com o privilégio do conhecimento" (EL, p. 63).

** Embora o determinismo dos motivos seja tão rigoroso quanto o das excitações, próprio do mundo vegetal ou vegetativo, há, entre ambos, uma diferença de natureza. No caso da motivação, "o intermediário entre a causa e o efeito não é a atmosfera, mas apenas o entendimento" (EL, p. 65). Quanto à especificidade do homem, ela decorre do fato de que seus motivos não são exclusivamente sensíveis, são também racionais. Essa "liberdade", muito "relativa", "apenas modifica a *maneira* como se exerce a motivação, mas a *necessidade* da ação dos motivos não fica suspensa, nem mesmo diminuída" (EL, p. 70).

*** A classificação geral das ciências comporta uma "Doutrina dos motivos; a) Gerais: moral, psicologia; b) Particulares: direito, história" (M, p. 813). Essa doutrina, além de sumária, parece esquecer o reino animal, no sentido estrito do termo.

Mulher
Al.: *Weib* – Fr.: *Femme*

* A mulher é, essencialmente, uma criatura sexual, encarregada de perpetuar a vida, ou seja, o mal, pois é por intermédio dela que o Gênio da Espécie engana os amantes. A misoginia de Schopenhauer inscreve-se, nesse sentido, na tradição judaico-cristã, que vê na mulher um "instrumento do diabo".

** Essa misoginia não deixa de ser ambígua. Por um lado, a mulher carrega todos os defeitos, a começar pela frivolidade. Cabe, portanto, denunciar esse "culto insípido e ridículo da mulher", próprio das "raças germano-cristãs" (M, p. 1168), essa "superstição degradante" e essa "veneração simiesca das mulheres" (R, p. 54). A prostituição é, sem dúvida, uma infâmia, mas de quem é a culpa? Essas infelizes são apenas vítimas da monogamia, "cruelmente imoladas no altar do casamento, compensação inevitável da Dama europeia com sua arrogância e suas pretensões". Com a poligamia, "um verdadeiro benefício para as mulheres consideradas como um todo", elas recuperariam seu "verdadeiro papel, que é o de um ser subordinado, e veremos desaparecer deste mundo a Dama, esse monstro da civilização europeia e da estupidez germano-cristã". Por outro lado, porém, a mulher, na procriação, transmite o entendimento, e Schopenhauer multiplica os exemplos históricos desse legado intelectual, de forma que "a parcela de participação da mulher na geração é, em certo sentido, mais inocente que a do homem. Este dá ao ser que será engendrado a vontade, que é o primeiro pecado e, por conseguinte, a fonte de todo mal e de toda desgraça, ao passo que aquela dá o conhecimento, que abre caminho para a emancipação" (R, p. 166). Portanto, não haveria de que culpá-la.

*** Assim como sua hostilidade ao judaísmo, a misoginia de Schopenhauer pretende ser metafísica. Pode-se, claro, explicá-la por motivos anedóticos – o desentendimento com sua mãe, depois com sua irmã, seu celibato etc. –, mas tudo indica que essa aversão esteja fundamentalmente ligada a um verdadeiro "horror (*Abscheu*) à essência da vontade de viver" (M,

p. 478), isto é, a sexualidade e a feminilidade, acusadas de fomentar a vida, por seu ventre e sua frivolidade, de que escarnece o Gênio da Espécie.

Mundo

Al.: *Welt* – Fr.: *Monde*

* O mundo é a um só tempo "minha representação" (M, p. 25) e "minha vontade" (M, p. 27), ou, mais exatamente, a Vontade, já que esta se estende a todos os fenômenos, orgânicos ou não. O mundo enquanto representação está submetido ao princípio de razão suficiente (espaço, tempo e causalidade) e, portanto, regido por um determinismo rigoroso, que, no entanto, não passa de uma ilusão fenomênica, por oposição à realidade metafísica desse mesmo mundo, isto é, a Vontade, incondicionada, una, indestrutível e livre.

** Essa doutrina do "mundo como vontade e representação" mostra-se, portanto, na tradição kantiana, como um idealismo transcendental (teoria da representação fenomênica), acrescido de um realismo empírico (teoria da Vontade metafísica). Contudo, é um dualismo desequilibrado, na medida em que a representação só possui uma existência superficial e ilusória, ao passo que a Vontade é a realidade essencial e universal dos seres. Por isso é que, com grande pertinência, E. von Hartmann chamou essa doutrina de um "pantelismo", pois nela tudo é Vontade. Schopenhauer, por sua vez, define seu sistema como um "macrantropismo", isto é, a extensão ao conjunto do mundo da dualidade antropológica, representação e vontade: "Desde os tempos mais remotos, proclamaram o homem um microcosmo. Inverti a proposição e mostrei no mundo um macrântropo (*Makranthropos*), já que vontade e representação esgotam a essência tanto de um quanto do outro" (M, p. 1417)

*** Esse pantelismo não deve ser confundido com o panteísmo, o de Espinosa em particular. "Embora tenha em comum com os panteístas esse *en kaï pan* (um e tudo), não compartilho o seu *pan theos* (tudo é Deus)" (M, p. 1417). A distinção espinosana entre *natura naturans* e *natura naturata* pode ser conservada, desde que seja entendida no âmbito de uma metafísica da Vontade. Essa dualidade "implica simplesmente a ideia de que, por trás dos fenômenos tão passageiros e que variam tão rápido da *natura naturata*, deve ocultar-se uma força imperecível e incansável, graças à qual aqueles renovam-se sem cessar, ao passo que ela mesma não é atingida pela destruição. Assim como a *natura naturata* é objeto da física, a *natura naturans* é objeto da metafísica" (FHF, p. 139). A essa crítica ontológica soma-se uma reprimenda ética: o panteísmo de Espinosa se caracteriza, com efeito, por um "amoralismo" revoltante. "É certo que, em algumas passagens, Espinosa procura salvá-la [a moral] por meio dos sofismas; mas quase sempre renuncia a isso francamente e, com uma ousadia que provoca espanto e indignação, declara puramente convencional, portanto, nula em si, qualquer distinção entre o justo e o injusto e, de forma mais geral, entre o bem e o mal" (M, p. 1355); o que não impede essa doutrina de participar do "otimismo raso" judaico. Por isso é que Schopenhauer declara, em conclusão de sua principal obra, que sua filosofia "está para o espinosismo assim como o *Novo Testamento* está para o *Antigo*" (M, p. 1419).

Música

Al.: *Musik* – Fr.: *Musique*

* A música "não é, como as outras artes, uma reprodução das Ideias, é uma reprodução da Vontade (*Abbild des Willens selbst*), assim como as próprias Ideias" (M, p. 329). Deve, portanto, ser considerada "a cópia de um modelo (*Nachbild eines Vorbilds*), que, ele mesmo, jamais pode ser representado diretamente" (M, p. 328).

** Enquanto as outras artes, da arquitetura à tragédia, passando pela escultura e pintura, são cópias das Ideias, ou "objetidades imediatas da Vontade" (Forças, Espécies, Caracteres inteligíveis), e pressupõem, portanto, o conhecimento ou contemplação destas pelo "Gênio", capaz de comunicá-lo em seguida pela produção de uma obra, a música se beneficia em Schopenhauer de um estatuto metafísico ainda mais eminente, sem precedentes na história da estética. "A música, que vai além das Ideias, é completamente independente do mundo fenomênico; ela o ignora absolutamente, e poderia de certo modo continuar a existir mesmo que o universo deixasse de existir" (M, p. 329). Por isso é que, na hierarquia das artes, ela está na posição oposta da arquitetura, que, segundo palavras atribuídas a Goethe, não passa "de música congelada" (*gefrorene Musik*), porque apenas reproduz forças inorgânicas, peso, resistência etc. "Um abismo as separa" e "seria ridículo querer aproximar, em essência, a mais limitada e mais frágil da mais ampla e mais poderosa de todas as artes" (M, p. 1196). Podemos, contudo, indagar os motivos que levaram Schopenhauer a conceder à música um privilégio metafísico tão exorbitante, quando ela na verdade parece, mais que as artes plásticas, submetida à temporalidade, a forma mais tenaz do princípio de razão suficiente, fonte da ilusão fenomênica.

*** Embora tenha sido o inspirador da música de Wagner – essencialmente por sua ética da compaixão e sua metafísica da renúncia –, Schopenhauer não foi um admirador seu, ao menos tal como a pôde conhecer no fim da vida. Suas preferências iam para Mozart e Rossini... Quanto à sua concepção da música, ela evidentemente nada deve a Wagner, que tinha seis anos por ocasião da primeira edição do *Mundo*, em 1819. Convém por fim assinalar um curioso paradoxo: embora a música esteja investida de uma vocação metafísica inaudita, Schopenhauer quase nunca fala dos compositores, como se o gênio, nesse terreno, devesse se apagar diante da obra da Vontade. Ele menciona muitos escritores (antigos ou modernos) e pintores (sobretudo italianos, em particular Rafael), mas, para representar a música, encontramos apenas os nomes de Haydn (M, p. 337) e Beethoven (M, p. 1191).

Negação da vontade

Al.: *Verneinung des Willens* – Fr.: *Négation de la volonté*

* A negação da vontade é o estágio último da ética. Depois de se ter afirmado (*Bejahung*), a vontade deve, com efeito, se negar (*Verneinung*). Por intermédio dessa "abnegação" (*Selbstverleugnung*), "a própria essência de nosso ser se suprime" (*sich aufhebt*) (M, p. 382). Preparado pela contemplação artística, que me liberta do princípio de razão suficiente, isto é, do tormento fenomênico, e pela experiência da compaixão, fundamento da moral, que me revela a identidade metafísica dos seres, tenho finalmente acesso à "resignação ou supressão completa da Vontade" (M, p. 511), que Schopenhauer também chama de "eutanásia" (M, p. 1411).

** Convém destacar o papel iniciático da arte. A representação artística, que é uma reprodução das Ideias (ou objetidades da Vontade) e, no caso da música, da própria Vontade, prepara para a conversão final. A resignação do herói trágico, a serenidade dos santos, tal como expressa nos quadros de Rafael e de Correggio, constituem, com efeito, modelos, tanto estéticos quanto éticos. "Atinge-se aqui o ponto mais elevado da arte; depois de ter seguido a vontade em sua objetidade adequada, nas Ideias; depois de ter percorrido sucessivamente todos os graus em que seu ser se desenvolve [...] a arte, para terminar, mostra-a suprimindo-se a si mesma, livremente, graças ao imenso apaziguamento que lhe proporciona o conhecimento perfeito de seu ser" (M, pp. 299-300). Mas desse apaziguamento (*Quietiv*), "desse oceano de quietude, desse repouso profundo da alma, dessa serenidade e dessa segurança inabaláveis", Rafael e Correggio só "nos mostraram, em suas figuras, o reflexo" (*Abglanz*) (M, p. 515). Cumpre, então, dar "um passo a mais" e é esse o sentido da conversão final, que "podemos chamar, como Asmus, a transformação transcendental" (*transzendentale Veränderung*) (M, p. 499). Mas por que a vontade, depois de ter se afirmado, deveria se negar completamente? Não haveria aí uma decisão arbitrária, que somente razões íntimas poderiam explicar? Era o que pensava Nietzsche. É uma interpretação que, decerto, se apoia em alguns textos nos quais se exprime um verdadeiro "horror (*Abscheu*) à essência da vontade de viver" (M, p. 478), ou seja, à sexualidade e à feminilidade, acusadas de fomentar a vida. Seja como for, esse "dualismo" da vontade – afirmação e negação – pouco se reduz a algum assunto íntimo, ele forma, ao contrário, uma dramaturgia essencial. Por isso, encarna-se nas figuras paradigmáticas de Fausto e de Marguerite, de Adão e de Jesus. "Portanto, todo homem é, no que a isso diz respeito e em potência, tanto Adão quanto Jesus" (M, p. 1400). Nesse sentido, a "inversão" não tem nada a ver com um sintoma mais ou menos neurótico. Inscreve-se no plano de uma metafísica, em que a vontade pode, sem dúvida, tanto se afirmar quanto se negar, mas em que a "abnegação", prefigurada pela compaixão, se aproxima mais diretamente da essência. Poderíamos, aliás, indagar se, nesse estágio último da metafísica, não seria melhor falar de "noluntariedade", como sugere o próprio Schopenhauer, quando, ao *"velle"* da afirmação, opõe o *"nolle"* da negação (R, p. 161).

*** Essa eutanásia da vontade não deve chegar até o suicídio. "Longe de ser uma negação da vontade, o suicídio é uma marca de intensa afirmação da vontade. Pois a negação da vontade consiste não em ter horror dos males da vida, mas em detestar seus prazeres. Aquele que se mata gostaria de viver; está descontente apenas com as condições da vida que lhe coube viver. Por conseguinte, ao destruir o corpo, não é ao querer viver que ele renuncia, mas simplesmente à vida" (M, p. 499). Ela tampouco deve ser confundida com "a reabsorção em Brama, ou com o nirvana dos budistas", que não passam de "mitos e de palavras vazias de sentido" (M, p. 516). A ética de Schopenhauer, apesar de seu ateísmo, acaba reencontrando certos valores cristãos e recorre às categorias neotestamentárias, pecado, salvação, conversão, redenção etc. Schopenhauer reconhece: "Minha doutrina poderia ser qualificada de verdadeira filosofia cristã" (R, p. 164). "Ela está para o espinosismo assim como o *Novo Testamento* está para o *Antigo*" (M, p. 1419). Variante: "Minha filosofia está para a ética de todas as filosofias europeias assim como o *Novo Testamento* está para o *Antigo*" (R, p. 162). Em suma, "longe de ser uma novidade, ela combina plenamente com os verdadeiros dogmas cristãos, que a contêm em substância e a resumem" (M, p. 511).

Pensamento único

Al.: *Einziger Gedanke* – Fr.: *Unique pensée*

* "O que aqui é proposto ao leitor é um pensamento único" (M, p. 1). De fato, "todas as minhas teorias são percorridas por um pensamento principal (*Grundgedanke*) que aplico à guisa de chave a todos os fenômenos do mundo" (M, p. 881). Essa chave nada mais é senão a célebre distinção kantiana entre o fenômeno e a coisa em si, mas precisada e remanejada, pois o fenômeno torna-se a "representação", inessencial e ilusória, ao passo que a coisa em si é agora determinada como "Vontade", una, universal, indestrutível e livre.

** O traço fundamental desse "pensamento único" é sua ruptura radical com a tradição cartesiana e, mais genericamente, racionalista. A Vontade já não é um simples atributo ou uma função do pensamento. Dele se destaca, sem por isso passar para o lado da extensão, e "essa separação, essa análise do Eu ou da Alma, por tanto tempo considerados simples, em dois componentes heterogêneos, significa para a filosofia o que a análise da água significou para a química" (VN, p. 76). Se Kant disse ser o Copérnico da filosofia, Schopenhauer quer ser seu Lavoisier. "Portanto, essa divisão cartesiana de todas as coisas em espírito e matéria não é filosoficamente correta; a única verdadeira é aquela entre vontade e representação, que de modo algum funciona paralelamente" (FC, pp. 33-4). A *res extensa* encontra, de fato, a *res cogitans* na representação, de modo que a matéria, longe de ser coisa em si, vê-se dotada de um estatuto puramente fenomênico. Esse remanejamento é acompanhado de uma inversão na ordem das prioridades e superioridades: a Vontade, metafísica, é "o *prius* do organismo", do qual o intelecto, físico, é apenas o "*posterius*" (VN, p. 76).

*** "Visto ser a presente obra, como disse, o desenvolvimento de um único pensamento, todas as suas partes mantêm entre si a mais íntima ligação" (M, p. 363). Convém, ainda assim, justificar a quadripartição do *Mundo*, ou seja, a adoção de quatro "pontos de vista" (*Betrachtungen*), que se opõem termo a termo, o terceiro – "A representação considerada independentemente do princípio de razão" – estando para o primeiro – "A representação submetida ao princípio de razão suficiente" – assim como o quarto – "Ao se conhecer a si mesma, a vontade se afirma e depois se nega" – está para o segundo – "A objetivação da vontade". A explicação, fornecida por Schopenhauer, é essencialmente pedagógica: "Sem dúvida, para a comodidade da exposição, ele (o pensamento único) padece de ter de ser dividido em partes" (M, p. 1), e "esse não é um estado essencial (*wesentlich*) seu, e sim um estado totalmente artificial" (*künstlich*, M, p. 364). Para justificar esse "artifício", poder-se-ia invocar a ordem das matérias, isto é, as divisões tradicionais da filosofia, como sugere Schopenhauer desde o começo de seu primeiro Prefácio: "Esse pensamento, que quero comunicar aqui, aparece sucessivamente, conforme o ponto de vista do qual seja considerado, como sendo o que se chama a metafísica, o que se chama a ética e o que se chama a estética" (M, p. 1). Mas, além de a ordem real estar aqui invertida, já que a estética ocupa o Livro Três, teríamos três matérias para quatro livros, e seria certamente preciso considerar que a metafísica, no sentido como é aqui entendida, abrange os dois primeiros. Um texto dos *Parerga* parece confirmar isso, distinguindo quatro momentos na ordem filosófica: 1 – "A investigação da faculdade de conhecimento, de suas formas e de suas leis, bem como de sua validade e de seus limites", ou seja, a "*philosophia prima*", ou metafísica em sentido estrito, que se subdivide em "dianoiologia", ou exame das representações primárias (doutrina do entendimento) e "lógica", ou exame das representações secundárias (doutrina da razão). Ela ocupa o Livro Um. 2 – A "metafísica da natureza" (Livro Dois). 3 – A "metafísica do belo" (Livro Três). 4 – A "metafísica dos costumes" (Livro Quatro), (FC, pp. 150-2).

Princípio de individuação

Al.: *Principium individuationis* – Fr.: *Principe d'individuation*

* "Tempo e espaço são o *principium individuationis*" (QR, p. 236). O princípio de individuação compreende, portanto, dois terços do princípio de razão suficiente, amputado abstratamente da causalidade, já que ela resulta da reunião do espaço com o tempo. Ele "pertence ao terreno da simples aparência" (VN, p. 159). Logo, seja ele qual for, o indivíduo não passa de uma ilusão fenomênica.

** "Chamarei, portanto, o espaço e o tempo, segundo uma velha expressão da escolástica, de *principium individuationis*; pois é por intermédio do espaço e do tempo que o que é *um* e *semelhante* em sua essência e em seu conceito aparece para nós como diferente, como vários, seja na ordem da coexistência, seja na da sucessão" (M, p. 155). Schopenhauer adota dois pontos de vista quando trata da representação fenomênica. Quando quer destacar a organização, ou seja, a ligação causal, invoca o princípio de razão suficiente. Se, ao contrário, pretende insistir na sua diversidade, recorre ao princípio de individuação, que depende dessas duas formas *a priori* da disseminação representativa que são o espaço e o tempo. "O espaço é o princípio de individuação." "O tempo é o princípio de individuação" (Quadro das "*Praedicabilia a priori*", M, p. 726).

*** A Vontade, una, indivisível e intemporal, enquanto coisa em si, foge ao princípio de individuação, ainda que, por uma razão misteriosa, independente do princípio de razão, ela se pluralize em Ideias (Forças, Espécies, Caracteres inteligíveis), que são objetidades imediatas. Dessa diversidade metafísica, e já não fenomênica, Schopenhauer não dá nenhuma explicação.

Princípio de razão suficiente

Al.: *Satz vom Grund, Satz vom zureichenden Grunde* – Fr.: *Principe de raison suffisante*

* Emprestado da tradição leibniziana, o princípio de razão suficiente ganha, em Schopenhauer, uma significação e uma função novas, de inspiração kantiana. Ele é "a forma de todo objeto, o modo universal de sua aparição fenomênica" (M, p. 38), o princípio constitutivo de toda representação. Composto de três instâncias, espaço, tempo e causalidade, é a versão unificada e simplificada do "transcendental" kantiano.

** Na sua tese de juventude, *Sobre a quádrupla raiz do princípio de razão suficiente* (1813), Schopenhauer se refere às definições tradicionais. A de Wolff – "Nada é sem razão pela qual é em lugar de não ser"[1] (QR, p. 145) –, que ele adotou provisoriamente, "como sendo a mais geral"; depois a de Leibniz: "Em virtude do princípio da razão suficiente, consideramos que nenhum feito poderia ser considerado verdadeiro ou existente, nenhuma enunciação, verídica, sem que haja uma razão suficiente para que assim seja e não de outra forma"[2]. (QR, p. 159). Mas essas referências logo serão abandonadas em prol de uma determinação transcendental do princípio, soberano na esfera fenomênica, seja a atividade do sujeito perceptiva, prática ou científica. "Duas coisas", contudo, escapam à sua jurisdição: ele mesmo e a coisa em si (M, pp. 119-20). Convém, portanto, despojá-lo de qualquer pretensão metafísica. Sua extensão a esse terreno é, por princípio, abusiva; este é, até, "o antigo erro da metafísica" (M, p. 62), que consiste, em particular, no uso ilegítimo da categoria de causalidade fora da esfera fenomênica, à qual deve ficar restrita. Eis por que o sujeito deve se emancipar do princípio de razão suficiente – o que não se faz sem dificuldades, sobretudo no que concerne ao tempo, "forma última e mais resistente do princípio" (FF, p. 125) –, se quiser, por uma experiência metafísica, alcançar a coisa em si, ou seja, sua vontade e, por extensão, a Vontade, comum a todos os seres, animados ou não.

*** Embora composto de três instâncias (espaço, tempo e causalidade, esta última resultante das duas outras), o princípio de razão suficiente se exerce segundo quatro modalidades, que Schopenhauer, retomando a terminologia latina de Wolff, denomina de: *ratio fiendi* (princípio do devir, necessidade física), *ratio cognoscendi* (princípio do conhecer, necessidade lógica), *ratio essendi* (princípio do ser, necessidade matemática), *ratio agendi* (princípio do agir, necessidade prática). O principal interesse dessas quatro "razões", ou "raízes" do Princípio, um tanto escolásticas, está em fundamentar uma classificação das ciências (QR, p. 291, e M, p. 813), da qual a filosofia está evidentemente excluída, pois é, por essência, uma metafísica, emancipada do princípio de razão suficiente.

1. Wolff, *Ontologia*, § 70. *Nihil est sine ratione cur potius sit quam non sit.*
2. Leibniz, *Monadologia*, § 32.

Querer-viver
Al.: *Wille zum Leben* – Fr.: *Vouloir-vivre*

* O querer-viver é a manifestação fenomênica da vontade no terreno orgânico. Convém, portanto, distingui-lo da vontade, considerada em si mesma. Rigorosamente falando, e por mais paradoxal que isso possa parecer, a Vontade metafísica não quer nada: "A ausência de toda finalidade e de todo limite é, com efeito, essencial à Vontade em si" (M, p. 215). Portanto, só pode se sujeitar a uma finalidade inscrevendo-se na esfera do vivente, ela mesma submetida à jurisdição do princípio de razão suficiente (espaço, tempo, causalidade) e, em particular, ao determinismo das excitações e dos motivos.

** Schopenhauer se compraz em dar uma descrição dramática do querer-viver: "O sofrimento do mundo animal só se justifica pelo fato de que a vontade de viver, não encontrando absolutamente nada fora de si própria no mundo dos fenômenos e sendo uma vontade esfomeada, tem de devorar sua própria carne" (R, p. 175). As "formas vivas", envolvidas numa luta incessante e encarniçada, "disputam a matéria entre si" (M, p. 391), isto é, a divisão do mundo fenomênico. Mas essa "luta pela vida", por mais espetacular e destrutiva que seja, não concerne à Vontade mesma, que é indestrutível (*unzerstörbar*). "Que seja preciso atribuir uma Vontade ao universo inanimado, inorgânico, fui eu o primeiro a dizê-lo. Pois para mim a Vontade não é, como se pensava até agora, um acidente do conhecimento e, portanto, da vida. Ao contrário, a própria vida é que é fenômeno da Vontade" (VN, p. 138).

*** Pode-se, portanto, contestar a pertinência da célebre crítica que Nietzsche dirigiu a Schopenhauer, quando opõe a "Vontade de poder" (*Wille zur Macht*) ao "Querer-viver" (*Wille zum Leben*)[1]. Isso implica operar uma dupla redução: da Vontade ao querer-viver, e deste a um mero instinto de sobrevivência. Não obstante, Schopenhauer tende, por vezes, a efetuar esse tipo de redução. Tudo comprova, escreve ele, por exemplo, "que tive razão quando propus como princípio inexplicável, mas apropriado para servir de fundamento para

qualquer explicação, a vontade de viver, e que esse querer-
-viver, longe de ser uma palavra sonora destituída de sentido,
tal como o absoluto, o infinito, a ideia ou outras expressões
semelhantes, é a realidade suprema por nós conhecida, até
mesmo a substância e o núcleo de toda realidade" (M, pp.
1077-8).

1. Nietzsche, *Assim falava Zaratustra*, "Da autossuperação" (*Von der Selbstüberwindung*).

Razão

Al.: *Vernunft* – Fr.: *Raison*

* A razão é a faculdade dos conceitos, objeto da lógica, ou "exame das representações secundárias ou abstratas" (FC, p. 150). "A essência dessa faculdade não consiste de forma alguma na busca do incondicionado" (M, p. 607), seus conceitos são apenas "representações de representações" (M, pp. 70-1), "representações extraídas de representações" (QR, p. 235), que "servem somente para classificar, fixar e combinar os conhecimentos imediatos do entendimento, sem jamais produzir nenhum conhecimento propriamente dito" (M, p. 47).

** O poder da razão reduz-se, portanto, à exploração dos "dados imediatos" do entendimento, que a fecunda, e sem o qual ela permaneceria estéril. Ignorando o verdadeiro mecanismo da fecundação, isto é, a função genética do óvulo, Schopenhauer concede à razão apenas um papel passivo na sua própria *concepção*. "Há algo de feminino na natureza da razão; ela só dá depois de ter recebido. Em si mesma, contém apenas as formas vazias de sua atividade" (M, p. 83). "Possui apenas formas: como a mulher, pode apenas receber, não pode criar. Não é por acaso que tanto nas línguas latinas quanto nas germânicas a razão é do gênero feminino e o entendimento do gênero masculino" (QR, p. 252).

*** A oposição entre Schopenhauer e Kant é radical. De fato, a *Crítica da razão pura* está fundamentada na distinção entre os conceitos do entendimento e as Ideias da razão. É certo que as pretensões teóricas destas são descartadas na Dialética transcendental (paralogismos da psicologia racional, antinomias da cosmologia racional, falsas provas da teologia racional), mas Kant ao menos considera a razão a faculdade do incondicionado. A "Lógica" de Schopenhauer é bem mais modesta: os conceitos da razão são apenas ferramentas um pouco mais elaboradas, que, é verdade, distinguem o homem do animal, pois este último também possui o entendimento, mas está "privado da razão" (M, p. 49). O mesmo vale para o terreno prático. Enquanto para Kant a moralidade é um "*factum rationis*", um fato da razão, que, aliás, permitirá devolver às Ideias da Liberdade, da Alma e de Deus uma condição positiva, na forma de postulados da razão prática, Schopenhauer se entrega a uma crítica virulenta de toda essa doutrina, para melhor assentar a sua própria tese, que faz da compaixão o fundamento da moral.

Representação

Al.: *Vorstellung* – Fr.: *Représentation*

* A representação é um dos dois polos do "pensamento único" de Schopenhauer. "O mundo é minha representação" (M, p. 25), é com essa proposição que principia *O mundo como vontade e representação* e, "se existe uma verdade que se possa afirmar *a priori*, é essa; pois ela exprime o modo de toda experiência possível e imaginável, conceito bem mais geral até que os de tempo, espaço e causalidade que a supõem" (*ibid.*). Logo, a representação é o mundo, tal como ele aparece no ato perceptivo, e ela se define como a relação indissolúvel do sujeito percipiente com o objeto percebido. "Não parto nem do sujeito nem do objeto, mas do fato da *representação*" (M, p. 63).

** A representação é o equivalente do "fenômeno" kantiano. Está submetida às três condições do espaço, do tempo e da causalidade, que dependem do entendimento e formam o princípio de razão suficiente. A essa representação fenomênica opõe-se a Vontade metafísica, que corresponde à "coisa em si" de Kant, em quem Schopenhauer se louva explicitamente, e de quem pretende ser "o audacioso continuador" (VN, p. 45).

"*O maior mérito de Kant foi ter distinguido o fenômeno da coisa em si* (M, p. 522, grifo de Schopenhauer), embora não tenha ido longe o suficiente na determinação desta última. Portanto, a doutrina schopenhaueriana da representação decorre, por sua vez, do "idealismo transcendental" (M, p. 677), cujos fundamentos foram estabelecidos por Kant.

*** "O audacioso continuador" nem por isso deixa de submeter a doutrina kantiana a duas distorções, que obrigam a considerar a equação: fenômeno = representação com circunspeção. A primeira é "fisiológica", na medida em que a faculdade representativa, isto é, o entendimento, é identificada com o cérebro (QR, p. 221, M, p. 527). Schopenhauer reconhece que no texto kantiano a palavra "cérebro" não aparece, sendo "substituída pela faculdade de conhecer" (M, p. 677), mas pouco importa. "Assim como é nosso olho que produz o verde, o vermelho e o azul, é nosso cérebro que produz o tempo, o espaço e a causalidade" (FHF, p. 101). Essa materialização do transcendental não parece incomodar Ribot: "O que é curioso notar é que Schopenhauer submete as doutrinas de seu mestre a uma transformação fisiológica: costuma identificar as formas da inteligência com a constituição do cérebro. [...] Essa transformação era, aliás, natural e é provável que, se Kant tivesse vivido meio século depois, em pleno desenvolvimento das ciências biológicas, ele mesmo a teria realizado."[1] Desperta, contudo, a indignação de Guéroult, que vê nisso um "escândalo filosófico": "A substituição da palavra e da noção de faculdade de conhecer pela palavra e noção de cérebro, que Schopenhauer opera com a tranquilidade da inconsciência, teria sido para Kant uma atrocidade."[2] A segunda distorção, platônica e védica, consiste em assimilar o fenômeno (*Erscheinung*) a uma aparência (*Schein*). "Ao fazer essa distinção, Kant recorre aos seus próprios fundos, exprime de maneira totalmente original, descobre sob um novo ponto de vista e mediante um novo método a mesma verdade que antes dele Platão não se cansava de repetir, e que geralmente ele exprime na sua linguagem da seguinte maneira: o mundo que impressiona nossos sentidos não possui verdadeiramente um ser; ele é apenas um devir incessante, indiferente ao ser ou ao não ser; o perceber é menos um conhecimento que uma ilusão" (M, p. 524). "É ainda a mesma verdade, sempre sob uma forma diferente, que constitui o fundo do ensinamento dos *Vedas* e dos *Puranas*: é a doutrina da Maya. Nesse mito, deve-se ver exatamente o que Kant chama de fenômeno por oposição à coisa em si" (M, pp. 524-5). Há nisso uma segunda "atrocidade", pois Kant nunca disse que a representação fenomênica era ilusória, muito pelo contrário, pois todo o seu trabalho crítico destina-se a garantir à ciência um fundamento. Portanto, não se pode recorrer à sua autoridade para afirmar que a representação é apenas um "encantamento", uma "aparência inconsistente, inessencial", uma "ilusão de óptica", um "véu", um "sonho" (M, p. 525).

1. Th. Ribot, *La Philosophie de Schopenhauer, op. cit.*, p. 55.
2. M. Guéroult, *art. cit.*, p. 125.

Sexo e Amor sexual

Al.: *Geschlecht e Geschlechtsliebe* – Fr.: *Sexe et amour sexual*

* "Os órgãos viris são a verdadeira *sede* (*Brennpunkt*) da vontade, o polo oposto ao cérebro, que representa a inteligência, a outra face do mundo, o mundo como representação" (M, p. 416). Eles são a face visível, física, fenomênica do Desejo. Antes de ser "negada" na ética final de Schopenhauer, a sexualidade constitui sem dúvida a experiência primordial da vontade, na medida em que esta "se afirma" aquela em que sinto que meu corpo não é apenas uma simples representação.

** "O apetite sexual [...] é o desejo que forma a própria essência do homem" (M, p. 1263). "O homem é um instinto sexual que tomou corpo" (M, p. 1265), frases que antecipam as páginas de *O ser e o nada*, onde, contra "as filosofias existenciais (que) não acreditaram dever se preocupar com a sexualidade", Sartre se pergunta se o sexo não seria "o instrumento e como que a imagem de uma sexualidade fundamental"[1]. Freud, por sua vez, não deixou de prestar homenagem ao autor do *Mundo*: "Filósofos de renome podem ser citados como (meus) precursores, sobretudo o grande pensador Schopenhauer, cuja 'vontade' inconsciente se equipara aos instintos psíquicos da psicanálise. É o mesmo pensador, aliás, que, em palavras de inesquecível vigor, lembrou aos homens a importância sempre subestimada de suas aspirações sexuais"[2].

*** A sexualidade é igualmente o lugar privilegiado da ilusão vital. Essa tese é longamente exposta na "Metafísica do amor" (*Metaphysik der Geschlechtsliebe*, M, *Suplementos* de 1844, § 44), que Schopenhauer considerava a joia de sua obra. O amor não passa de uma astúcia do Gênio da Espécie (*Genius der Gattung*), que determina, sem que os amantes saibam, quais os genitores mais aptos para perpetuar a perfeição do tipo. "Essa procura tão ardente dos atributos físicos e a escolha tão cuidadosa que ela determina evidentemente não dependem do indivíduo que escolhe, como este crê, mas sim do verdadeiro fim, da criança a procriar que deve reproduzir o tipo da espécie tão puro e exato quanto possível" (M, p. 1294). Schopenhauer chega a ver na pederastia uma confirmação paradoxal de sua tese: "Uma vez que o esperma ainda não maduro, como aquele deteriorado pela idade, só pode reproduzir seres fracos, imperfeitos e miseráveis, é comum encontrar, na adolescência, entre jovens, o mesmo pendor erótico que na velhice" (M, p. 1326). "Lançada no embaraço em consequência de suas próprias leis, a natureza buscou na perversão do instinto um expediente, um estratagema" (*ibid.*). Astúcia redobrada. Esse tema de uma ilusão amorosa já estava presente no *Banquete* de Platão. Mas Schopenhauer lhe dá um novo significado, pois substitui a dualidade da alma e do corpo pela dualidade da vontade e da representação. Entende-se melhor por que, depois de ter exaltado a sexualidade como "sede" e "afirmação" (*Bejahung*) da vontade, acaba pregando sua "negação" (*Verneinung*), isto é, a abstinência, único meio de escapar dessa astúcia da Espécie, já denunciada pelos Padres da Igreja. *Illico post coitum cachinus auditur diaboli* (R, p. 166, logo após o coito, escuta-se a risada do diabo). Versão bramânica: "Desgraça! Desgraça! O *lingam* (pênis) está na *yoni* (vagina)" (*ibid.*). "São traidores esses amantes cujas aspirações secretas tendem a perpetuar toda essa miséria e todos esses aborrecimentos, que sem eles logo acabariam, e cujo fim eles tornam impossível, como seus semelhantes já fizeram antes deles" (M, p. 1319).

1. Sartre, *L'Être et le Néant*, Paris, Gallimard, 1943, p. 451-2 [*O ser e o nada*, Vozes, 2005.].
2. Freud, "Une difficulté de la psychanalyse", trad. fr., in *Essais de psychanalyse appliquée*, Paris, Gallimard, 1973, p. 147 ["Uma dificuldade da psicanálise", in *Obras Completas*, vol. 14, Companhia das Letras, 2010, p. 251.].

Sublime

Al.: *Das Erhabene* – Fr.: *Sublime*

* O sublime é uma das modalidades da contemplação estética. Diferentemente do belo, pressupõe: 1 – que os "objetos, cujas formas significativas nos convidam à contemplação, estejam numa relação de hostilidade com a vontade tal como ela se traduz na sua objetidade, ou seja, com o corpo humano" (M, p. 259); 2 – que essa hostilidade seja ela mesma superada. O sujeito se encontra, então, "num estado de arrebatamento (*Erhebung* = exaltação), e é por isso que chamamos de sublime (*erhaben*) o objeto que ocasiona esse estado" (M, p. 260).

** "O que distingue o sentimento do sublime do sentimento do belo é que, na presença do belo, o conhecimento puro surge sem luta" (*ibid.*). Ao passo que na experiência do sublime devemos "nos apartar consciente e violentamente" (*ibid.*) da ameaça que o objeto representa para a nossa vontade, e é da consciência de nossa superioridade que nasce a exaltação sublime.

*** A posição de Schopenhauer é bastante próxima da tese kantiana, tal como exposta na terceira *Crítica*. Os exemplos que ele fornece – natureza inimiga, selvagem, rochas escarpadas, trovão, mar em fúria etc. – são, aliás, os de Kant. "Apesar de tudo, na explicação da natureza íntima dessa impressão, separamo-nos completamente dele e não introduzimos nem reflexões morais nem hipóteses extraídas da filosofia escolástica" (M, p. 264).

Tat twam asi

Al.: *Dieses bist du* – Fr.: *Tat twan asi*

* Fórmula védica, amiúde citada por Schopenhauer (M, pp. 283, 447, 471 etc.) e que ele traduz por "*Dieses bist du*" (isto és tu), "*Dieses Lebende bist du*" (este ser vivo és tu). Burdeau e Roos, tradutores franceses do *Mundo*, traduzem-na por "*tu es ceci*" [tu és isto]; Dietrich, tradutor francês dos *Parerga*, por "*c'est toi-même*" [é tu mesmo]. Essa "sublime palavra" (*Mahavakya*) resume a metafísica e a ética de Schopenhauer, ou seja, a unidade essencial da Vontade sob o véu ilusório da diversidade fenomênica.

** "Essa verdade puramente teórica, da qual o conjunto desta obra é o desenvolvimento necessário, a saber, que a vontade, a realidade em si oculta sob cada fenômeno, considerada em si mesma, é independente das formas fenomênicas e, portanto, da multiplicidade [...], não encontro, do ponto de vista prático, expressão melhor dessa verdade que a fórmula do *Veda*: *Tat twam asi*" (M, p. 471). Donde a compaixão de Schopenhauer pelos animais. Se a Vontade é una, maltratá-los é atentar contra a essência eterna que reside no coração de todo ser vivo e, por conseguinte, atentar contra si mesmo. "Misericórdia! Não é à misericórdia, mas à justiça que o animal tem direito, e essa justiça geralmente lhe é recusada na Europa, essa parte do mundo tão infectada pelo espírito da Bíblia que a expressão desta simples verdade: 'o animal é, em sua essência, igual ao homem', parece um paradoxo chocante" (R, p. 89). Donde, também, a identidade entre o algoz e sua vítima: "Sendo a vontade o que existe em si em todo fenômeno, o sofrimento, aquele que se inflige e aquele que se sofre, a maldade e o mal, estão vinculados a um único e mesmo ser; no fenômeno em que um e outro se manifestam, é em vão que eles aparecem como pertencentes a indivíduos distintos e até separados por grandes intervalos de espaço e de tempo. Aquele que sabe vê que a distinção entre o indivíduo que faz o mal e aquele que o sofre é mera aparência [...] O algoz e a vítima são um só. Engana-se aquele que crê que não tem sua parcela de tortura; e aquela que crê que não tem sua parcela de crueldade" (M, p. 446).

*** A citação recorrente da "sublime palavra" levanta o problema da relação da doutrina schopenhaueriana com o hinduísmo, e da influência que este último teria efetivamente exercido sobre ela. Após a publicação de sua tese, em 1813, Schopenhauer leu os cinquenta *Upanixades*, traduzidos para o latim por Anquetil-Duperron: *Oupnekhat, id est secretum legendum* (dois volumes, 1801-1802). Essa tradução lhe fora recomendada pelo orientalista amador F. Maier, que conheceu em Weimar, no círculo de Goethe, em 1813. Desde então, reconheceu sua dívida em várias oportunidades: "No desenvolvimento de minha própria filosofia, os escritos de Kant, assim como os livros sagrados dos hindus e Platão, foram, depois do espetáculo vivo da natureza, meus mais preciosos inspiradores" (M, p. 521). No seu Prefácio de 1819, pede a seu leitor para conhecer as "principais obras de Kant" (M, p. 4), mas estará mais bem preparado ainda se, além disso, "tiver frequentado a escola do divino Platão" e "beneficiado do conhecimento dos *Vedas*" (*ibid.*). O budismo, em contrapartida, não teve nenhum papel na elaboração da doutrina de Schopenhauer, embora ele se congratule de "constatar uma concordância tão profunda" entre seu próprio pensamento e "uma religião que, na terra, é majoritária, pois conta com mais adeptos que qualquer outra. Essa concordância me é ainda mais agradável na medida em que meu pensamento filosófico esteve certamente (*gewiss*) livre de qualquer influência budista" (M, pp. 861-2).

Teleologia

Al.: *Teleologie* – Fr.: *Téléologie*

* A teleologia, ou doutrina da finalidade (*Zweckmässigkeit*), é "a hipótese da adequação de todo órgão a um fim" e constitui, nesse sentido, "um guia muito seguro no estudo de toda a natureza orgânica" (M, p. 1052). Designa a sensação obscura que temos da unidade metafísica de todos os seres e pode, portanto, ser definida como o "fenômeno dessa unidade"[1].

** Schopenhauer enfrenta aqui um problema análogo àquele que Kant encontrou em sua *Crítica da faculdade de julgar*. Por um lado, a representação fenomênica é totalmente regida pelo princípio de razão suficiente; mas, por outro, sentimos que ela participa de outra causalidade, já não eficiente, mas final. Enquanto Kant resolvera a dificuldade acrescentando ao juízo determinante (objetivo) um juízo reflexionante (simplesmente subjetivo), que se aplica tanto ao domínio do Belo ("Crítica do juízo estético") quanto ao da Vida ("Crítica do juízo teleológico"), Schopenhauer descarta essa terminologia e atribui ao sentido teleológico um valor propriamente metafísico. A finalidade é como que a expressão da unidade da Vontade na diversidade fenomênica ou, mais exatamente, a impressão que dela temos em nossas representações. "A unidade da ideia se vê restabelecida até no fenômeno [...] por meio da ligação necessária de todas as partes e de todas as funções" (M, p. 207). Temos aí um paradoxo epistemológico, pois é o próprio entendimento, poder da causalidade, que se vê obrigado a conceder também aos fenômenos outra conexão, final dessa vez, pela qual é, em última instância e indiretamente, responsável, já que a finalidade supõe a diversidade fenomênica. "É somente o intelecto que, apreendendo como objeto, por meio de suas formas próprias, espaço, tempo e causalidade, o ato da vontade metafísica e indivisível em si, manifestada no fenômeno de um organismo animal, cria a multiplicidade e a diversidade das partes e das funções, para em seguida se surpreender com o concurso regular e com a concordância perfeita que resulta de sua unidade primitiva: em certo sentido, portanto, ele nada mais faz senão admirar sua própria obra" (M, pp. 1051-2).

*** "Nasce então em nós o pressentimento de que essas duas causas, a despeito de sua origem diversa, bem que poderiam se ligar, pela raiz, na essência das coisas em si. Só raramente, contudo, é dado alcançar esse duplo conhecimento: na natureza organizada, porque geralmente ignoramos a causa eficiente; na natureza inorgânica, porque nela a causa final é problemática" (M, p. 1058). Schopenhauer fornece, no entanto, alguns exemplos desse "duplo conhecimento": "O piolho do negro é preto. Causa final: sua própria segurança. Causa eficiente: ele se nutre do tecido de Malpighi, preto no negro" (M, p. 1058). "A causa final dos pelos que cercam as partes genitais, em ambos os sexos, e do *Mons Veneris*, na mulher, é impedir, nos indivíduos muito magros, durante o coito, o contato dos ossos do púbis, que poderia despertar a repugnância; quanto à causa eficiente, ela deve ser buscada no fato de que, sempre que uma mucosa passa para a epiderme, veem-se pelos crescendo na vizinhança; outra causa eficiente é também que a cabeça e as partes genitais são, de certo modo, polos opostos do indivíduo, mantendo, assim, relações e analogias de diversos tipos, entre outras também a particularidade de serem peludas" (M, p. 1059). Constatam-se, uma vez mais, os limites da teleologia, cujas "provas" sempre parecem um tanto ridículas. Pelo menos Schopenhauer, assim como Kant, recusa o argumento físico-teológico, que vê na finalidade do mundo uma prova da existência de Deus. Essa finalidade tem, sem dúvida, um valor metafísico, pois atesta fenomenalmente a unidade da Vontade, mas não pode demonstrar a existência de um Ser transcendente. Outra forma de finalidade aparece no terreno sexual, pois o "verdadeiro fim" do amor não é, como os amantes imaginam, a sua felicidade, mas sim "a criança a procriar que deve reproduzir o tipo da espécie tão puro e exato quanto possível" (M, p. 1294).

1. Th. Ruyssen, *Schopenhauer, op. cit.*, p. 273.

Vontade

Al.: *Wille* – Fr.: *Volonté*

* A Vontade é a instância fundamental do sistema de Schopenhauer. Corresponde à coisa em si de Kant. Se, do ponto de vista fenomênico, "o mundo é minha representação" (M, p. 25), do ponto de vista metafísico, "o mundo é minha vontade" (M, p. 27), ou, mais exatamente, a Vontade, pois esta se estende ao conjunto dos fenômenos e adquire, assim, um estatuto cosmológico. Essa determinação da coisa em si como Vontade já estaria em germe no kantismo: "Admito, embora me seja impossível demonstrá-lo, que Kant, cada vez que fala da coisa em si, já concebia vagamente e nas mais obscuras profundezas de seu espírito a vontade livre" (M, p. 635). "Kant não tinha levado seu pensamento até o fim; eu simplesmente continuei sua obra. Consequentemente, estendi a todo fenômeno em geral o que Kant dizia exclusivamente sobre o fenômeno humano" (M, p. 631).

** Essa "extensão" é igualmente exorbitante, mas toda a originalidade de Schopenhauer está nessa "traição" do kantismo, a ponto de se ter falado de um verdadeiro "parricídio", realizado no começo do Livro Dois do *Mundo*, "onde se descreve o procedimento mais original e mais importante de minha filosofia, qual seja, a passagem, que Kant declarara impossível, do fenômeno à coisa em si" (M, p. 885). Longe de exaltar essa experiência metafísica da coisa em si como uma operação de alto voo, Schopenhauer a descreve, ao contrário, como "um caminho subterrâneo, uma comunicação secreta (*eine geheime Verbindung*), que, por uma espécie de traição (*Verrat*), vai nos introduzir de repente na fortaleza, contra a qual tinham fracassado todos os ataques vindos de fora" (M, p. 890). Esse cavalo de Troia, para prosseguir com a metáfora militar, é o "conhecimento (*Erkenntnis*) que cada qual tem de seu próprio *querer*" (*Wollen*, M, p. 891). Mas de que natureza é esse "conhecimento", que evidentemente não pode pertencer ao entendimento ou à razão, faculdades da representação, totalmente submetidas ao princípio de razão suficiente? Schopenhauer não se pronuncia sobre o estatuto dessa misteriosa faculdade e adota uma posição mediana, no mínimo ambígua: "Essa percepção íntima que temos de nossa própria vontade dista de fornecer um conhecimento completo e adequado da coisa em si" (M, p. 892). "Esse conhecimento interior está livre de duas formas inerentes ao conhecimento externo, ou seja, da forma do espaço e da forma da causalidade, mediadora de toda intuição sensível. O que permanece é a forma do tempo e a relação entre o que conhece e o que é conhecido. Por conseguinte, nesse conhecimento interior, a coisa em si certamente se livrou de muitos de seus véus, sem contudo se apresentar totalmente nua e sem envoltório" (M, p. 892). Problemática ou não, a experiência metafísica de minha vontade será estendida ao conjunto do mundo, na medida em que "iremos utilizá-la como uma chave, para penetrar até a essência de todos os fenômenos" (M, p. 146). "Esse conhecimento direto que cada qual tem da essência de seu próprio fenômeno [...] deve em seguida ser transferido analogicamente (*analogisch übertragen*) para os outros fenômenos" (FHF, p. 111). Mais precisamente: "Nós os julgaremos por analogia com nosso próprio corpo e suporemos que se, por um lado, eles são semelhantes a ele enquanto representações, e se, por outro, pomos de lado (*beiseite setzt*) sua existência[1] enquanto representação do sujeito, o resto (*das dann noch Übrigbleibende*), por sua essência, deve ser o mesmo que o que chamamos em nós vontade" (M, pp. 146-7).

*** "Pantelismo" (de *pan* – tudo – e *ethelo* – querer) é o feliz neologismo, forjado por E. von Hartmann para designar essa cosmologia da Vontade e distingui-la do panteísmo, que Schopenhauer recusa. O atributo essencial dessa Vontade é sua incondicionalidade (*Grundlosigkeit*), já que escapa ao princípio de razão suficiente (*Satz vom Grund*). Três outras determinações daí se deduzem: a primeira é a unidade da Vontade, suspensão do princípio de razão do ponto de vista do espaço. A segunda é a indestrutibilidade, suspensão do princípio na sua modalidade temporal. A terceira é a liberdade, suspensão do princípio na sua forma causal.

---

1. A tradução francesa – "*si on leur ajoute l'existence*" [se lhes acrescentamos a existência] – constitui um contrassenso inadmissível numa passagem tão fundamental.

OBRAS DE SCHOPENHAUER

De la quadruple racine du principe de raison suffisante (*Über die vierfache Wurzel des Satzes vom zureichenden Grunde*, 1813, 1847), tradução de F.-X. Chenet, introdução e comentários de F.-X. Chenet e M. Piclin, Paris, Vrin, 1991.
De la vision et des couleurs (*Über das Sehen und die Farben*, 1816), tradução de M. Elie in *Textes sur la vue et les couleurs*, Paris, Vrin, 1986. [*Sobre a visão e as cores*, Nova Alexandria, 2005.]
Le monde comme volonté et comme représentation (*Die Welt als Wille und Vorstellung*, 1819, 1844, 1859), tradução de A. Burdeau, 1888-1890, revisão de R. Roos, Paris, PUF, 1966. [*O mundo como vontade e como representação*, Unesp, 2007.]
De la volonté dans la nature (*Über den Willen in der Natur*, 1836), tradução com introdução e notas de E. Sans, Paris, PUF, 1969.
Essai sur le libre arbitre (*Über die Freiheit des Willens*, 1841), tradução de S. Reinach, 1877, revisão, correção e prefácio de D. Raymond, Paris, Rivages, 1992. (Perguntamo-nos por que D. Raymond não "corrigiu" também a tradução do título, certamente equivocada. "Sobre a liberdade da vontade", é este o título correto.)
Le fondement de la morale (*Über die Grundlage der Moral*, 1841), tradução de A. Burdeau, 1879, reeditado e apresentado por A. Roger, Paris, Aubier, 1978. [*Sobre o fundamento da moral*, Martins Fontes, 2001.]
Parerga et Paralipomena (*Parerga und Paralipomena*, 1851), tradução em nove volumes com os seguintes títulos: *Aphorismes sur la sagesse dans la vie*, tradução de A. Cantacuzène, 1880, revisão de R. Roos, PUF, 1964. *Écrivains et style*; *Sur la religion*; *Philosophie et philosophes*; *Étique, droit et politique*; *Métaphysique et esthétique*; *Philosophie et science de la nature*; *Fragments sur l'histoire de la philosophie*; *Essai sur les apparitions et opuscules divers*, todos traduzidos por A. Dietrich, Paris, Alcan, 1905-1912. [*Aforismos para a sabe-*

doria de vida, WMFMartins Fontes, 2006; "Sobre a escrita e o estilo", in *A arte de escrever*, L&PM, 2007; *Fragmentos sobre a história da filosofia*, WMFMartins Fontes, 2007.]

A edição alemã de referência continua sendo a de P. Deussen, *Sämtliche Werke*, Munique, Piper & Co, dezesseis volumes, 1911-1942. Mais acessível e mais cômodo é a de W. von Löhneysen, Stuttgart/Frankfurt am Main, Cotta-Insel, cinco volumes, 1960-1965.

LISTA DOS TERMOS EM PORTUGUÊS

Arte 9
Belo 10
Caráter inteligível 12
Causalidade 13
Ciência 14
Coisa em si 16
Compaixão 18
Corpo 20
Entendimento 21
Espécie 22
Estupidez 24
Excitação 25
Filosofia 26
Força 28
Gênio 29
Idealismo 31
Ideia 33
Ilusão 34
Indestrutibilidade 36
Judaísmo 37
Kantismo 39
Liberdade 41
Loucura 43
Matéria 44
Metafísica 45
Moral 48
Morte 49

Motivação 51
Mulher 52
Mundo 53
Música 54
Negação da vontade 55
Pensamento único 58
Princípio de individuação 59
Princípio de razão suficiente 60
Querer-viver 62
Razão 63
Representação 64
Sexo e Amor sexual 66
Sublime 68
Tat twam asi 69
Teleologia 70
Vontade 72

LISTA DOS TERMOS EM ALEMÃO

Das Erhabene 68
Das Schöne 10
Dieses bist du 69
Ding an sich 16
Dummheit 24
Einziger Gedanke 58
Freiheit 41
Gattung 22
Genie, Genius, Genialätt 29
Geschlecht e Geschlechtsliebe 66
Idealismus 31
Idee 33
Intelligibler Charakter 12
Judentum 37
Kantismus 39
Kausalität 13
Kraft 28
Kunst 9
Leib 20
Materie 44
Metaphysik 45
Mitleid 18
Moral 48
Motivation 51
Musik 54
Philosophie 26
Principium individuationis 59

Reiz	25
Satz vom Grund, Satz vom zureichenden Grunde	60
Teleologie	70
Tod	49
Unzerstörbarkeit	36
Verneinung des Willens	55
Vernunft	63
Verstand	21
Vorstellung	64
Wahn	34
Wahnsinn	43
Weib	52
Welt	53
Wille	72
Wille zum Leben	62
Wissenschaft	14

LISTA DOS TERMOS EM FRANCÊS

Art	9
Beau	10
Bêtise	24
Caractère intelligible	12
Causalité	13
Chose en soi	16
Corps	20
Entendement	21
Espèce	22
Excitation	25
Femme	52
Folie	43
Force	28
Génie	29
Idéalisme	31
Idée	33
Illusion	34
Indestructibilité	36
Judaïsme	37
Kantisme	39
Liberté	41
Matière	44
Métaphysique	45
Monde	53
Morale	48
Mort	49
Motivation	51

Musique	54
Négation de la volonté	55
Philosophie	26
Pitié	18
Principe d'individuation	59
Principe de raison suffisante	60
Raison	63
Représentation	64
Science	14
Sexe et Amour sexuel	66
Sublime	68
Tat twan asi	69
Téléologie	70
Unique pensée	58
Volonté	72
Vouloir-vivre	62